Slowing Down to the Speed of Life

読むだけで

自分のまわりにいいことばかり起こる法則

リチャード・カールソン
ジョセフ・ベイリー
訳＝浅見帆帆子

三笠書房

毎日が「いい気分」で
いっぱいになる予感♪

★訳者のことば

毎日、「運よくもっと幸せに暮らす」ための秘訣がつまった本

浅見帆帆子

「今、この瞬間に集中する」、これが、幸せを感じて暮らす最大の秘訣だと私は思います。

「今という瞬間」を何度もくり返したものが人生ですから、今を楽しく過ごせる人は、当然それを積み重ねた人生全体も楽しいものになるでしょう。

どんなに楽しい状況が目の前にあっても、明日のこと、しなければならない仕事、憂鬱なことなどに心を奪われていれば、意識が目の前にある楽しいことに向かいません。これでは、楽しいことが起きていないのと同じです。

この**「今に集中する」という方法は、夢を実現させる方法にも通じる**ことです。

夢が実現するときは、誰でも「あのことがきっかけで実現した」とか「あの人との出会いがなかったら今の自分はなかった」という経験をしているはずです。

後から考えると奇跡に近いようなことに感じますが、実はそのきっかけや出会いは、日常に起こる「ふとしたこと」が始まりなのです。

いつも目の前にあることに全力で取り組んでいると、この**「ふとしたきっかけ」**が起こります。

どんなことでも、そこにプラスの気持ちで取り組むと、そこからプラスの反応が起こり、同じようなプラスの人や出来事を引き寄せるからです。

夢を実現している人の大半は、実現したから楽しそうなのではなく、実現する前から目の前のことを充実させて、楽しそうに暮らしていたはずです。

逆に言うと、目の前の現実を否定している人は、また否定したくなる現実を引き寄せます。

そして、夢を追っているときに、「夢が実現しなくては幸せになれない」と思ってしまえば、実現していない「今」は幸せではないということになるので、知らない間に「不幸な今」をイメージし続けていることになるのです。

毎日に幸せを感じながら、「よい展開」を起こしていくには、いつも自分の心を明るい状態（＝マイナスなことに振り回されない平常心）にしておくことです。

本書にもあるように、イヤなことを思い出しただけで、急にすべてがつまらなくて憂鬱に感じることがありますよね。ただイヤなことを思い出しただけで、状況は数分前と変わっていないのに、です。

面白いことに、心が不快で満たされると、一時的に気分が悪くなるだけではなく、それと似たような状況を引き寄せ始めます。「類は友を呼ぶ」というのは、人だけではなく、状況にも言えることなのです。

「不快」な気持ちは、自分が間違った方向に考えようとしていることを知らせてくれ

るサインですから、たとえば、

・考えて答えの出ないことは考えるのをやめる
・モヤモヤした気持ちが通り過ぎるのを待つ
・そういうときに大事な判断はしない

など、自分の心を「不快」から切り替えることが大事なのです。

一般的に「運がいい」とされている人は、この気持ちを切り替えるのが早いものです。

運のいい人とそうではない人に起こる出来事にそれほど違いはない、ただ運のいい人は、心を不快にしている時間が短いのです。

たとえば私は、本がスルスルと書けなくなったときは、気持ちが盛り上がるまで本から離れ、ほかの楽しいことに意識を集中します。すると自然とまた書きたくなったり、新しいことを思いついたりするのです。

心が「快」の状態になっているほうが、明らかに効率よく進むことがわかります。

誰にでも感情の起伏《きふく》はあるのですから、気が乗らなくなったら、行き詰まったら、いちいちその原因を追及して気持ちを「不快」にするのではなく、そこからしばらく離れてみればいいのです。

同時に、心が「快」になることに意識を集中させます。それが本書の言っている「リラックスした状態」であり、

・好きなことをする
・うれしいことに意識を集中させる
・トラブルが起きた場合はその物事のよい面だけを考える

など、状況に応じて方法はいくらでもあるのです。

この方法は、大きな仕事の場合でも、日常生活の些細《ささい》なことでも同じです。

たとえば、忙しい大企業の敏腕経営者ほど、心を「快」にする言動を自然と行なっています。

トラブルが起きた時に、その物事のよい面を見てそこを伸ばそうとする、イヤな部

分を考え続けて心を暗くしない、愚痴を言っている暇があったら今できる最善策を考える、つまり言い方を変えれば「不快」で心を満たさないようにしているのです。

どんなときも、今自分の気持ちがどのような状態になっているかを観察し、心が「快」となるように自然に考えていくことです。

思い出して憂鬱になることは思い出さない、今考えて答えの出ないものは一度脇においておく、行き詰まったら離れる……すべて、自分の心が「快」を感じるように行動していくだけです。

これは特に、イヤなことやトラブルが起きたときにこそ、効果を発揮します。大きなトラブルほど、実は自分に何かを教えてくれている大事なハプニング（出来事）だからです。

これを経験を通して納得すると、**起きている物事はいつも自分にとってベストである、**とわかります。

後から振り返ったときに、「あれがなかったら、今の自分はなかった」と、その物事に感謝するようになります。

どんなことでも、あなたに起きていることは最高のタイミングで起きていて、あなたの生活をもっと幸せにするために起こっている、これに気づくには、本書にあるような「リラックスした考え方、心を快にする考え方」をしていくことなのです。

本書を書いてくださったリチャード・カールソンとジョセフ・ベイリーに感謝をこめて、皆様の毎日が、ますます幸せを感じるものでありますように。

もくじ

1章

SLOWING DOWN TO THE SPEED OF LIFE

イライラ、くよくよには一瞬でサヨナラ
……「今」を生きると、面白いほどすべての風景が変わる

2章 「心の針路」はいつも"プラス方向"へ！

SLOWING DOWN TO THE SPEED OF LIFE

……「考え方」を自分でコントロールする習慣

3章

SLOWING DOWN TO THE SPEED OF LIFE

なぜ「リラックス生活」が「よい展開」を起こすのか？

……心にハッピーの花が咲く心理術

4章 もっと楽になる人間関係のコツ

SLOWING DOWN TO THE SPEED OF LIFE

……「ありのまま」を受け入れる〝とびきりの効果〟！

5章

SLOWING DOWN TO THE SPEED OF LIFE

「やるべきこと」がサクサクはかどる魔法

……気持ちがポジティブ、「ノッている」状態になる！

6章

SLOWING DOWN TO THE SPEED OF LIFE

心がたちまちリフレッシュするコツ

……〝ハッピーの種〟からぐんぐん芽が出る！

イラストレーション★ももろ

★はじめに

あくせくする毎日から、ゆったり楽しむ人生へ！

私たちの毎日は、なぜか、ますます時間に追われている。

電子メール、ファクス、翌日着宅配便、オンラインサービス――世の中には時間節約のためのツールもたくさん増えて便利になった。

けれど、便利になればなるほど私たちは、ますます時間に追われ、せわしなく過ごしている。

確かに、以前はわざわざ電話をかけたり、出向いていたりしたような用件が、今ではメール1本ですむようになったかもしれない。けれど、そうして空いた時間を、あなたは何に使っているだろう？

きっと、せわしなくもう1つ用事をつめ込んではいないだろうか。

そしてあなたは今日も、「時間がない！」「どうしてこんなに忙しいの……」とため息をついているのだ。

もっとリラックスして、朝も昼も夜も、心から楽しめる毎日を送る「カギ」を見つけよう――それはあなたの心の中の深いところにある。

私たちは、忙しくしている人が「仕事のできる人」で、何時間も勉強している子どもが「頭のいい子」で、いくつも趣味を持っている人が「人生が充実している人」だと思っているところがある。

けれど、ちょっと立ち止まって、あくせくする自分をリセットすれば、世の中がまったく違って見えてくる。**おだやかで、やさしい気持ちで、もっと楽に生きられる**

ようになり、頭も今よりずっと冴《さ》えてくる。

これまで「やらなくちゃ」と思っていたことのほとんどが、実は後回しにしたり、誰かに任せたり、放っておいたりしてもかまわないものだったことに気づく。

「いつか……したい」ではなく、**「今、この時間」を楽しむ**こと。

これが、「自分を変える」最大にして最高の方法だ。

本書には、「今」という瞬間に集中して、ゆったり生きるコツ、人生を楽しく充実させるアドバイスがたっぷりつまっている。

だからといって、あなたの生活を変える必要はない。

ゆったり生きようとして、今までの生活をがらりと変えてみても、望むようなおだやかな日々は手に入らないものだ。

見かけだけ取りつくろっても、あなたの「考え方」は1つも変わっていないのだから。都会でせかせか生きてきた人は、田舎に行ってもやっぱりせかせかするのである。

本書を読めば、心の底からゆったりした気持ちで生きられるようになる。

生活のうわべを変えるのではなく、あなたの内面を変えていくのだ。

せかせかと焦る気持ちを手放して、ゆとりのある心で生きれば、次のようなことがわかるはずだ。

★今の一瞬一瞬が楽しめるようになる
★かえって効率が上がる
★他人の態度や気分にいちいち振り回されなくなる
★まわりの人が慌ただしくストレスに満ちていても、平静さを保つことができる
★予期せぬ事態にも落ち着いて対処できる
★ちょっと深刻に思えるようなことが起こっても、それほど重く受け止めることがなくなる
★やっと、あなたは幸福になれる！

将来への最善の備えは、**今を思う存分に生きること**だ。本書を手にしたあなたは、もっと満たされた人生を送るための最初の一歩を、すでに踏み出している。

この本を読み進めていくうちに、もしかしたら、「そんなはずはない」とか、「自分が知っていることとは違う」とか、思うこともあるかもしれない。

けれど、信じてほしい。これから私が伝えることを、あなたが正しく理解したとき、あなたは人生がおだやかに、でもエキサイティングに流れ始めるのを感じるはずだ。

満たされた人生を生きるために必要なのは、やるべきことのリストや、自分を変えるエクササイズや、時間を上手に使うテクニックなどではない。

ほんの少し、人生を「**新しい視点**」から見つめ直すだけでいい。

そうすれば、いつも緊急事態に見舞われているような人生から、永遠にサヨナラすることができる。

さあ、**ゆったり生きよう**。そして、**人生を楽しもう**。

1章

SLOWING DOWN TO THE SPEED OF LIFE

イライラ、くよくよには一瞬でサヨナラ

「今」を生きると、面白いほどすべての風景が変わる

1

SLOWING DOWN TO THE SPEED OF LIFE

心がペシャンコになる日があっても大丈夫！

――心には、ものすごく強いパワーが備わっている

あなたは子どもの頃、毎日をどんな感情で過ごしていただろうか。
自分にうんざりしていた？
過去をくよくよ後悔していた？
そんなことは、全然なかったはずだ。
元気いっぱいで、人なつこく、恨みをいだくこともなかった。

それなのに、大人になるとなぜ、頭でっかちになり、気が滅入《めい》り、想像力に乏しくなってしまうのだろう？

でも、そうだとしても大丈夫だ。折れた骨がいつかはくっつくように、しぼんだ心

を元気にする力が、誰にでも備わっている。

ちょっとイヤなことがあって、心がくもっても心配することはない。いじわるな雲が太陽を隠して、いっとき陽の光が見えなくなっても、雲が晴れれば、陽の光が射す。

あなたの心も、それとまったく同じなのだ。


落ち込んだり、ブルーな気持ちになったときでも、自分を笑い飛ばしたり、前向きになれるのは、**心には、強いパワーが備わっている**からだ。

誰かが悩んでいたら、思いやりにあふれた言葉をかけてあげられるのも、自然の美しさに感動できるのも、渋滞のさなかでキレずに車の運転ができるのも、すべてはやわらかな心のおかげなのである。


あなたの心はいつも、良心、直感、知恵、常識、あるいは〝内なる声〟などと呼ばれているものに導かれている。だから、あなたは人生の分かれ道で、いつも正しい道を選ぶことができるのだ。

もっともっと、**自分の心を信頼してみよう。**

そうすると、もっとゆっくり、ゆったり毎日を過ごせるし、今この瞬間に集中し、今よりずっと幸福な人生を送れるようになれる。

2

SLOWING DOWN TO THE SPEED OF LIFE

毎日が〝感動でいっぱい！〟になる人生の法則とは？

――心に新しい風が吹いてくる考え方

夕陽の美しさにうっとりするとき、恋をしたとき、シャワーを浴びているとき、音楽を聴いているとき、本を読んで感動したとき……。

その瞬間、時は静かに止まり、頭の中でざわめいていたたくさんの考えが、しばらくの間、沈黙する。

あなたもこんな感覚を覚えたことはないだろうか？

それがまさに、「今」を生きている瞬間だ。

とてもまれにしか訪れない瞬間だけれど、ストレスを軽くし、希望を感じさせてくれ、私たちを喜びと感動でいっぱいにしてくれる。

こんな、いつ訪れるともわからない瞬間を、毎日の暮らしの中で当たり前のものにするための、ちょっとしたコツがある。それは、とてもシンプルなこと。

「考え方」を変えることだ。

なぜなら、あなたの**「考えたこと」**が、あなたの**「感情」**になり、**「感覚」**になり、**「決意」**になり、そして**「行動」**になる。

これは人生の法則だ。

たとえば、あなたにとってつらいことが起こったとする。
そんなとき、「もうダメ、耐えられない」と思えば、気分はどんどん滅入り、足取りも重くなるし、眉間《みけん》にシワもよってくる。
でも、
「確かに大変だけど、大丈夫。絶対に乗り越えられる」
と考えれば、心に新しい風が吹いてくるような気持ちになり、足取りも軽くなってくる。

だから、「イライラしている」と感じるとき、あなたは、必ずイライラするような「考え方」をしているのだ。

「注文した料理が出てくるのが遅すぎる!」とか、「彼はいつになったら連絡してくるのかしら」などなど。

ストレスを感じているときも同じ。「あの上司、大変な仕事ばかり押しつけてきて、大嫌い」といった具合だ。

けれど、誰もが、イライラやストレスの原因は、「自分」ではなく、「周囲」にあると思い込んでいる。

だから、心のバランスを取り戻すために、まわりを変えようとするのだ。仕事を辞めたり、パソコンや携帯電話を買いかえたり、ランチへ行くお店をかえたり、ときには精神安定剤に頼ろうとしたりする。

でも、自分以外の何かを変えても、問題は解決しない。新しいイライラの芽が、ニヨキニョキ顔を出してくるだけだ。

何が起ころうと、何を経験しようと、どんな状況になろうと、**「ものは考えよう」**だと知ろう。

たとえば、急いで仕事を終わらせたのに、今夜は会えなくなったと恋人から急に連絡が来たら？

「自分はランチもつぶして仕事を片付けたのに！　会えないなら、友だちと出かけられたのに……」

そうではなくて、こんな考え方もできるかもしれない。

「向こうも忙しいんだ。今日は効率よく仕事も片付けたし、夜はのんびり一人の時間を楽しもう」

どちらも、状況は同じ。けれど１８０度、違う経験をしている。

今という瞬間をポジティブに考えるだけで、ずっと前向きな気持ちになれるのだ。

これは、どんな場面でも言えること。恋人とのケンカよりずっと深刻な問題にぶつかったとしても、それがあなたにとってどんな経験になるかは、そのとき、あなたが「どう考えるか」によって決まるのだ。

3

SLOWING DOWN TO THE SPEED OF LIFE

「やわらか思考」生活のすすめ

――「論理思考」とのバランスが大切

自分に起こる出来事をすべてコントロールすることはできない。けれど、ラッキーなことに、ちょっとしたコツさえつかめば**「考え方」はコントロールできる。**

待ち合わせの時間に友だちが遅れたら、

「ゆっくり本を読める時間ができた」

お気に入りのコップが割れてしまったら、

「もっと素敵な新しいコップを探しに行こう」

ミスをして上司に叱られたら、

「ここで叱ってもらってよかった。次からは気をつけよう」

こんなふうに考えれば、気持ちも前向きになって、「いいこと」が起こりやすくなる。

では、そもそも「考え方」を変えるには、どうすればいいのだろう？

2つの「思考法」を、紹介しよう。

① 論理思考

1つは、「論理思考」。

記憶にあるデータを利用して、解決策を導きだす考え方だ。コンピュータが情報を処理するのに似ているので、処理思考、分析思考、コンピュータ思考とも呼ばれる。

論理思考は、言葉から数学まで、何かを覚えたり、情報をもとに考えたりするときに欠かせない。

私たちが毎日、迷わず最寄り駅まで行けるのも、パソコンを使って仕事ができるのも、この思考法のおかげ。自分の名前や、大切な記念日を覚えていられるのも、一度覚えた仕事を簡単にくり返すことができるのもそうだ。

また、必要な情報がすべてそろっていれば、ささっと問題の答えが出せるのも、論理思考のいいところ。慣れない土地で、空港までかかる時間を知りたいとき、この思考法を使えば、距離や時間、交通事情からぴしゃりと予想できたりする。

しかし、マイナス面もある。

たとえば、**必要な情報がすべて揃っていないと、答えがまとまらない**こと。

そういう場合は、考えても考えても結論が出ないので、ヘトヘトに疲れ、もやもやがたまり、ストレスでいっぱいになってしまう。

たとえば、上司といざこざがあって、いい解決法が思いつかなかった時。寝ても覚めても悩み続けて、それが原因でミスをしたり、同僚に迷惑をかけたりするかもしれない。眠れなくなることだってある。

論理思考はとても大切な思考法だ。けれど**使い方を間違えると、不安やイライラなど、ネガティブな感情を引き起こす原因にもなってしまう**のだ。

② やわらか思考

思考法の2つめは、どういうわけか忘れられがちな「やわらか思考」である。創造的思考、内省思考、努力のいらない思考とも呼ばれる。

「やわらか思考」とは、いわば、**川が流れるように考える方法**だ。**流れにまかせながら、あるときは記憶の中から、あるときはひらめきによって、そのときにぴったりの情報や考えへと、私たちを導いてくれる。**しかも、何の苦労もなく。

やわらか思考をしていると、それまで思ってもみなかった新しいアイデアが、ぽっと浮かぶことも珍しくない。

直感とか、創造性、インスピレーション、知恵、洞察、気づき、ひらめき、ときには霊感と言われるものは、すべてやわらか思考によるもの。

たとえば、プロのバスケットボール選手は、直感的にぴったりのタイミングでシュートやパスができる。作家や画家は、仕事がノッているとき、頑張らなくてもすらすらと筆が自然と進むという。

やわらか思考を習慣にすれば、たくさんのアイデアがひらめきやすくなるのだ。


実は、やわらか思考を上手に使いこなせている人は、ほとんどいない。

そのため、やわらか思考によって浮かんだアイデアやひらめきを、なかには偶然だとか、たまたまの奇跡だとか、運がよかっただけ……と言う人もいる。


でも、気づいていないだけで、やわらか思考は誰にでもできることだ。

「すばらしいアイデアを思いつきやすいのは、どんなときですか？」

という質問に対して、たいていの人は、

「シャワーを浴びているとき」

「休暇を過ごしているとき」

「車を運転しているとき」

という3つのどれかを答えた。

3つとも、ほとんど何もしていないような瞬間だ。でも、かえってこんなときこそ、最良のアイデアが浮かんでくる。

なぜならこのとき、人はやわらか思考をしているからだ。

もっとも、私は「やわらか思考がよくて、論理思考が悪い」と言っているわけではない。ただ、**今よりずっとたくさんの時間を、やわらか思考で生活してみれば、人生が変わるはずだ。**

4

SLOWING DOWN TO THE SPEED OF LIFE

たまには〝頭をからっぽ〟にしよう

——アイデアが次々とわいてくる!

さて、やわらか思考と論理思考は、一度にどちらか一方しか使えない。トランシーバーが「話す」か「聞く」かの、どちらかしかできないように。

論理思考をするには、自分の考えを記憶し、分析し、予想し、それに集中しなければならないので、ちょっと努力がいる。また、「自分は今、ものすごく考えているんだ」と一生懸命にやっている気分になれる。

一方、頭をからっぽにすると、自然にやわらか思考に切り替わる。頭を悩ませなくても、アイデアが次から次へとあふれ出てくる。

では、この2つの思考法をどうすればうまく使い分けられるだろう?

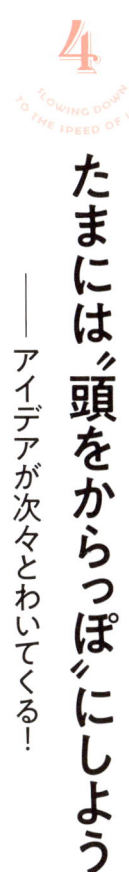

やわらか思考に切り替えるには、論理思考を一度、脇において、頭をからっぽにしてみる。あなたを悩ませている問題をしばらく放っておく、と言い換えてもいい。くよくよ考えるのをやめて、そうじをしたり、のんびり本を読んだり、電話でおしゃべりしたりしている間に、やわらか思考が問題を解決してくれるのだ。

このとき大切なのは、**やわらか思考が自分の中にあって、それがすごいパワーを持っていると、あなたが信じること**だ。

むずかしいことばかり考えるのをちょっとだけストップさせ、やわらか思考が最高のアイデアを次々と送り込んでくれると、信じてみる。

すると、それが本当になる。

もしかしたら、予想もしなかった答えがわいてくるかもしれない。けれどそれは、頭の中でこねくり回したものより、ずっと的を射た答えになっているはずだ。

5

SLOWING DOWN TO THE SPEED OF LIFE

「脳がフリーズの人、いつもひらめいている人」の差はどこから？

――自分の〝直感〟をもっと信頼していい！

以前、何だか体の調子が悪くて体がつらく、いくつかの病院にもかかったことがある。でも医師の診断では、とくに原因は見あたらない。

ただ、深刻というほどの病気でもなかったので、やっきになるのをやめて、自然に解決するのを待つことにした。

すると、ふと「食事が原因かもしれない」とひらめき、肉をひかえて、オーガニックの野菜や果物をとるようにしたら、急に体も気分も調子がよくなったことがあった。

医師も「原因はわからない」とさじを投げたのに、**自分の中から癒しの方法を見つけることができた**のだ。

「わからない」とはつまり、「解決策が思いつかない」と素直に認めること。

それは、やわらか思考へと続くドアを開くカギになる。

人は「わからない」と認めるのがイヤなものだ。自分には能力がないと感じてしまったり、プライドが許さないと思ったりするからだろう。そして、「直感」や「心の声」のような曖昧《あいまい》なものに判断をゆだねることに不安を覚えてしまう。そして、おなじみの論理思考であれこれ考えたがるのだ。

けれど、大丈夫。**むしろ「わからない」と認めたほうが、思いがけないけれど状況にぴったりな、すばらしい答えがわいてくることのほうが多い。**

たとえ、あなたの過去の経験や記憶の中に問題の答えがなくても、あなたの心の直感が、そのとき目の前にある状況に応じて、正しい答えを創りだしてくれるのだ。

今、自分がどんな考え方をしているかに気づくことができたら、次にすべきことが自然にわかるはずだ。

今すぐに動ける対処法があるなら、もう少し分析したり、もっと情報を手に入れたりする――つまり、論理思考を続ければよい。

そして、今考えても答えは出ない、わからない、という状況であったら、問題をひとまず脇においてリラックスするか、あるいは何もしないのか――つまり、やわらか思考に切り替えればいいのである。

切り替え時がわかれば、悩んだり、くよくよしたりする回数が次第に減っていく。

論理思考が行き詰まって脳がフリーズする前に、やわらか思考に切り替わり、いつでもポジティブな心を保てるようになるからだ。

ポジティブな心は、手入れの行き届いたエンジンのようなもの。すべてのパーツが協力し合って乗り物を動かす原動力となるように、あなたの人生をいい方向へ動かす力になる。

気づいた人から、もっとポジティブな人生が待っているのだ。

6

SLOWING DOWN TO THE SPEED OF LIFE

〝悲劇のリハーサル〟は今すぐストップ！

――「やっかいごと」が自然と解決する秘訣

ある女性は、ケンカの絶えないパートナーとの関係に悩んでいた。これまでの口論をあれこれ思い出しては、今夜もきっと起こってしまうケンカを、いつも心の中でリハーサルしていたのだ。

しかし、ある日、彼女は〝ケンカのリハーサル〟を、自分が心の中でずっとくり返していたことに気づいた。

「ケンカすることばかり考えていては、愛情にあふれた関係なんて築けるはずがないわ」

自分の考え方に気づいたことで、彼女の人生は一変した。

今では、ネガティブな考えが浮かんできても、深刻にならず、一歩引いて受け止められるようになった。パートナーとの関係も、以前よりずっと愛情に満ちたものになり、これからもいい関係が続きそうだ。

このように、自分の考え方に気づくたびに、自分の心と仲よしになれる。よく「考え方を変えれば、人生が変わる」と言われるが、私がここで言いたいのは、

「考え方を1つひとつ変える」

のではなく、

「自分の考え方のクセに気づくことで、自然に考え方が変わっていく」

ということだ。

わかりやすい例で紹介しよう。

「やっかいごと」「解決すべき問題」でいっぱいの頭の中の状態を、乱雑に積み上げられた丸太の山だと想像してほしい。

「考え方」を1つひとつ変えようとするのは、この山から丸太を1本ずつ引きだすよ

うなもの。できなくはないが、とても面倒だ。

では、上流にあるダムの水門を開けて、水位を上げたとしたらどうだろう？

丸太はすべて浮かび上がり、自然とバラバラになる。

自分の考え方のクセに気づくということは、これと同じようなものだ。

つまり、**「心の水門」を開けることができ、それまで「やっかいだ」と思っていた事柄が、自然と解決してしまう**のだ。

7

SLOWING DOWN TO THE SPEED OF LIFE

「うまくいかないとき」は考えることを中断してみる

——ねたみや不安のマイナス感情は「方向転換」のサイン

不安を感じると、人は慣れ親しんだクセや、習慣や、思い出にすがりたくなる。

つまり、くよくよと考えては、頭の中を「うまくいかない原因」でいっぱいにするのだ。

だが、それでは何も解決しない。

一生懸命に考えて、それでもうまくいかないなら、**昔のやり方、思考法、成功体験、思い出にしがみつくのはやめよう！**

あれこれ頭をひねって考えても何も思いつかないなら、それは考え方が間違っているサイン。

一番いいのは、**いっとき考えるのを中断して放っておくこと**だ。

とくに、考えれば考えるほど、不安やイライラ、怒り、恐れ、憎しみ、ねたみ、心配……といった感情がわき上がってくるときは、あなたの考え方が間違っている証拠。

気持ちは、そのことをあなたにちゃんと教えてくれているのだ。

もちろん、「やるべきこと」から逃避するために〝やわらか思考〟を悪用するのはやめておこう。

たとえば、明日も仕事で朝が早いのに、読書に夢中になって夜更かしをしてしまうときなどが、その一例。旅行を計画したり、アポイントメントを取り付けたり、会社の予算案を組んだりしなければならないときも、論理的に考えたほうがいい。

やわらか思考と論理思考のバランスをとれる人が、人生の達人なのだ。

2章

SLOWING DOWN TO THE SPEED OF LIFE

「心の針路」はいつも“プラス方向”へ！

「考え方」を自分でコントロールする習慣

8

SLOWING DOWN TO THE SPEED OF LIFE

〝人生の航海術〟を身につけよう

——自分の「思考回路」をチェックしてみる

人生は、大海を渡る旅、あなたはその船の船長。針路をそれないように舵をとったり、速度を落としたり、荒波を乗り越えたり……。それが安らかな旅になるかどうかは、〝航海術〟にかかっている。

人生の航海術とは、自分の考え方をコントロールする方法のことだ。

大切なのは、自分の「考え方」が今、あなたを幸福へと近づけているのか、それとも遠ざけているのか、見極められるようになること。

しかし多くの人は、そうして自分の「考え方」を自分でコントロールすることが、とても大切なことだということにすら、気づいていない。

残念なことに多くの人が波に逆らい、じたばたしては、人生とはうまくいかないものだと誤解している。のどかな人生ではないことに、イライラし、混乱し、焦っている。ストレスの原因は「自分の外」にあると思っていて、まさか「自分の考え方」にあるとは夢にも思わない。

心を落ち着けて、ちょっと視点を変えて考えてみれば、それまで頭を悩ませていた問題の、「違った一面」が見えてくる。

まずは、**「気持ち」をガイド役にして、あなたが今使っている「考え方」に気づくことが大切**である。

「気持ち」とは、考え方がもっと曖昧になったものだとも言える。

悲しいとかつらいとかいった「ネガティブな気持ち」はどれも、もとは1つの「ネガティブな考え方」から生まれたものなのだ。

腹が立つようなことを考えなければ、腹が立つことはないし、ストレスを感じるようなことを考えなければ、ストレスを感じることもない。

試しに、できるだけ腹を立ててみてほしい——と言われたら、あなたはどうするだろう？　きっと、ものすごく腹の立つようなことを頭に思い描くはずだ。そうでなければ、「腹が立つ」という気持ちを、心に再現することはできない。

すると、その逆も真なりで、**おだやかな気分になりたければ、楽しい気持ちになれることをイメージしてみればいい。**

人は考えると同時に、感じている。もっとも、自分がどんなことを考えているか、いつでも意識しているわけではないし、まったく気づかないことも珍しくない。けれど気持ちは、考えが浮かんだ瞬間に、わき起こっている。

「明日は忙しいな」と考えたとき、きっとあなたは少しくよくよしている。心は今この瞬間にはなく、明日へと向いているはず。

そうではなく、「片付けなくてはいけない仕事はたくさんあるけれど、まあ何とかなるさ」と考えれば、ずっと前向きな気持ちになれるのだ。

9

SLOWING DOWN TO THE SPEED OF LIFE

「気持ちがリフレッシュ」する不思議な方法

――"あるがまま"思考で心はスーッと落ち着く

どんな気持ちも、２種類に分けられる。

「心地よい」か**「不快」**かだ。

「好き」か「嫌い」か、「うれしい」か「悲しい」か、そのほかにも怒りや恐れ、幸福、ねたみ、焦り、安心、イライラなど、たいていの人は気持ちを細かく分類するけれど、大きく分ければ、どれも「心地よい」か「不快」かで区別することができる。

しかし、不快な気持ちを抑え込んだり、無視したりする必要はない。

もし「つらい」と感じるなら、無理に「自分はつらくないんだ。もっと心を強く持たなくちゃダメだ」と思い込んだり、自分を追い込んだり、否定したりせずに、あるがままにその気持ちを受け入れてしまうことだ。

でも、「受け入れる」だけで、つらく感じる原因を追及したりしないことが大切。自分を責めたり、何かに八つ当たりしたりするのもダメ。

ただ心を静かに落ち着かせて、あるがままを受け入れる。

そうすると、不思議なことに心がスーッと落ち着いていき、前向きな気持ちを取り戻すことができる。

マイナスの感情は否定すれば大きくなり、受け入れれば小さくなるという仕組みになっている。

不快な気持ちになっていると気づいたら（それは間違った考え方をしているサインなので）、別の考え方をすればいい、ということになる。

なぜなら、それはあなたが間違った考え方をしていることを、あなたに教えてくれる大切なシグナルなのだ。

不快な気持ちがなければ、それに気づくことができない。

もし気づくことができたら、それだけで心が落ち着き、その瞬間にぴったりの考え方に切り替えることができる。

たとえば、朝、子どもを学校へ送っていかなければいけないとしよう。その後、大事な会議の予定が入っているから、遅れることはできない。けれど、子どもはぐずぐずしていて支度をしようとしない。

「あと10分したら家を出るから、それまでに準備してね」と言ったのに、10分経っても、まだ用意を始めてもいなかったとしたら？

きっとムカつき、がっかりし、会議に遅れるかもしれないと不安になるはずだ。そうした不快な気持ちが、一気にわき上がるだろう。

けれど、その気持ちが、自分がネガティブになりつつあるサインだと知っていたらどうだろう?

腹が立ち、イラつきはしても、その不快な気持ちを自然と捨てることができる。「どうして、言ったことができないの⁉」と子どもを責めて、時間をムダにしたりせず、**「今」何をすることが自分にとって一番いいのか**、考えることができる。

つまり、くどくどと子どもを叱り、イラ立ちをぶつけるよりも、今は支度を手伝ってあげるほうがずっといいと、気づくことができるのだ。

今度マイナスの感情がムクムクとわいてきたら、まずは深呼吸してみよう。イライラやムカつきがあなたに送っているメッセージに、きっと気がつけるはずだ。

10

SLOWING DOWN TO THE SPEED OF LIFE

考えすぎないほうが、うまくいく！
――「イライラを受け流す」心理テクニック

私たちは、いつも何かを考えている。けれど、「いつも何かを考えている」ということを簡単に忘れてしまう。

忘れてしまうから、イライラやストレスをまわりのせいにしてしまうのだ。

悪口ばかりを書き並べた手紙を自分宛に書き、それを読んでわざわざ不快な気分になろうとする人など、いないはず。けれど「考え方」に関しては、私たちはまさにこれと同じことをしている。

「人は平等ではない」と、とうにわかっているくせに、

「どうして世の中、こんなに不公平なんだろう」

と苦々しく思ったりする。

「やるべきこと」がずらりと並んだリストを自分で作っておきながら、

「どうして、いつも慌ただしくて、時間が足りないの⁉」

と首をひねる。


自分の声に、自分で驚く人はいない。どれだけ大声を出しても、「その声は自分が出している」と認識できるからだ。

でも、自分の「思考」については、いつでも、どこでも考えているのが当たり前なので、逆に「考えている」ということをつい忘れてしまう。

ある考えが頭に浮かぶと、自分の中から浮かんできたものなのに、まるで外から押しつけられたもののように思ってしまうのだ。

だから深刻に受け止め、くよくよしたり、ひどく思い悩んだりする。

あなたはいつも、何かを考えている。それを覚えておくことだ。

頭をよぎるネガティブな考えだって、いつも考えていることの1つ。

それを知っておけば、いちいち考えにこだわらなくなる。自分の考え方から一歩離れて、客観的にとらえられるようにもなるだろう。

そして、イライラもストレスも、受け流すことができるようになるはずだ。

11

FLOWING DOWN TO THE SPEED OF LIFE

「腹が立つ～！」こんなとき、どうする？

――「うんざり気分」の99％は、自分のせい

車が故障して、何とか道路脇に寄せたものの、どうしていいかわからず立ち往生していたところに、ピックアップトラックに乗った2人が通りかかり、何か叫んだ。ハッキリとは聞き取れなかったけれど「お気の毒さま！　マヌケだね」と言ったような気がする。

あなたはうんざりし、腹を立て「あの人たち、どうかしてる！」とイライラするだろう。数時間後、レッカー車があなたの車を運んでいった後も、怒りはおさまらないかもしれない。

その一日は、台無しになるだろう。

ところが、事実は違ったとしたら？

通りすがりの2人連れを、あなたは誤解していたのだ。彼らは実は、「レッカー車を呼んでおくよ！」と言ったのである。

こんな誤解はよくあること。あなたにも思いあたる経験が、きっとあるはずだ。たとえば、素っ気ない態度をとられて「嫌われているのかもしれない」と思い込んで悩んでいたら、実は相手の体調が悪いだけだった……など。

自分の頭の中であれこれ勝手に考えているだけなのに、それを現実と思い込んでしまう。

そんなとき、私たちは他人に振り回されていると感じるが、**本当は自分の考えに振り回されている**だけだ。

もし本当に「お気の毒さま！　マヌケだね」と叫んでいたのだとしても、イライラや怒りを引きだしたのは、それを聞いたときにあなたが感じた感情だ。

その出来事を「イライラするもの」「怒るべきもの」と見なしたあなたの考えから、

イライラや怒りは生まれるのだ。
この考え方に気づけば、２人連れについて考えるのをやめて、イライラを消し去り、
残りの１日をおだやかに過ごすことができる。

すべては考え方次第、というわけだ。

12

SLOWING DOWN TO THE SPEED OF LIFE

誰の人生も〝気分〟と〝感情〟に支配されている!?

――すべてを「いい方向」へ導く近道、あります

気分がいいと、それだけで人生は楽しく、すべてがうまくいっているように思える。落ち着いた視線でまわりを見れば、たくさんのことに気づけるし、正しい判断もできて、時間も十分にあるように感じる。

問題があっても、簡単に解決できる気がする。意見が違う人とも、おだやかに話ができる。心がうきうきして、苦労などちっとも感じない。

気分が落ち込んでいるときは、人生はつらく耐えがたいものに思える。いつもせきたてられているようで、立ち止まって花の香りを楽しむ余裕もないし、花がそこにあることにも気づかないかもしれない。問題が起こるとピリピリして、す

ぐムキになる。イヤなことばかりが頭に浮かび、毎日が楽しくない。

気分とは、たいていこういうものだ。感じ方は人それぞれだが、気分がいいときは、落ち込んでいるときよりも、ずっと前向きになれる。

そして、**気分が変われば、モノの見方も変わってしまう。**

朝は仕事にやりがいを感じながら笑顔で家を出たのに、昼には会社でグチをこぼし、辞めてしまいたいと思ったことはないだろうか？　もしくは、恋人に会いたくてたまらない日もあれば、デートに出かけるのが面倒に思う日もあるはずだ。

なぜ、気分が変わってしまうのか。

その原因は、あなたの考え方が変わったからだ。

気分がいいときには、人生には幸せなことばかりあふれていると思えるのに、気分が落ち込むと、人生にはいいことなど1つもないと思う。

そのとき一変したのは人生そのものではなく、あなたの「気分」と「感情」。その2つが、「人生」に対するあなたの見方を変えてしまったのだ。

もっとも、気分と上手につき合う方法を知っておけば、困らされることはない。

気分がいいときは、それをそのまま受け止めればいい。

気分が落ち込んでいるなら、くよくよしたりせず、何もしないことだ。気分を否定したりせず、通りすぎるのを静かに待つこと。

しかし、ほとんどの人が落ち込んだ気分から抜けだそうと、じたばたする。

けれど、落ち込んだ気分から抜けだそうと焦るほど、私たちは余裕をなくしていく。

本当に解決しなければならない問題があるとしても、気分がよくなり、落ち着いて考えられるようになってからでも、全然遅くはない。

落ち込んだ気分は嵐のようなものだ。**通りすぎるのを静かに待つしかない。**

それが、すべてをいい方向へ導く「一番の近道」なのだ。

13

SLOWING DOWN TO THE SPEED OF LIFE

「気にしない人」になる！

――〝悩みのタネ〟を自分から拾わないこと

私たちは、ちょっとしたことですぐにくよくよしたり、イライラしたりする。

少ない給料、見知らぬ人の冷たい視線、スーパーのレジにできた長い列、上司の無茶な注文、パートナーの浪費グセ……。

一度くよくよし始めると、些細なことが悩みの種になる。

何度も言うが、くよくよしてしまうのは「悩みごとそのもの」に原因があるのではない。**自分の考え方が原因なのだ。**

もちろん、あなたが気をもんでいる悩みごとが取るに足らないことだから、放っておけばいいという意味ではない。

「リラックスしているとき」より、「くよくよしているとき」のほうが気分がいい、という人に、私はいまだかつて会ったことがない。

子どもの頃の失敗や、今朝の朝食で起こったことなど、すでに終わったことを思い出しては、くよくよ、いじいじと後悔している。そうでなければ、将来のことを心配し、心の中であれこれと不安をリハーサルしている。

その瞬間、あなたはここにいない。

考え方は、ときに私たちを「今」から引き離してしまう。それは、**前向きな心からあなたを遠ざけてしまうことなのだ。**

14

SLOWING DOWN TO THE SPEED OF LIFE

人生の分かれ道、どちらに進む？

――「くよくよ通り」を選ぶ人、「安らかな小道」を選ぶ人

人生の一瞬、一瞬において、私たちは分かれ道に立つ。

左へ行く道を**「くよくよ通り」**と呼ぼう。

これは状況をあくまで論理的に分析し、うまくいかないことの原因を他人のせいにして、頭の中だけでさまざまな推測を始めたときにたどる道だ。

では、「くよくよ通り」を通った先には、何があるのだろうか？

気持ちよく晴れた月曜日の朝、楽しい週末を過ごしたばかりのあなたは気持ちよく目覚める。しかし、ふと時計を見ると、すでに7時15分。

急がなければ、ひどい通勤ラッシュに巻き込まれてしまう。朝から仕事がいっぱい

あるし、そういえば午後の打ち合わせに必要な資料を送り忘れていた……。目覚めたときのいい気分は吹き飛んで、思考はどんどんネガティブな方向へと回り始める……。

多くの人にとって、よくありがちな月曜日の始まり方だ。

しかし、くり返すが、あなたがどう考えるかが、あなたの人生をよくも悪くもするのだ。

自分の気分の落ち込みや心配事や悩みでいっぱいの心に気づいたら、これからはひと呼吸おいて「大丈夫」と声をかけてあげよう。この時間あなたは、もう一方の道を選んだことになる。ポジティブな考え方をする道だ。

こちらは**「安らかな小道」**と呼ぼう。

打ち合わせの資料を渡し忘れている事実は変わらないし、スケジュールがぎっしりつまっているのも相変わらずだが、**心が心配事や未来のことにとらわれず、「今」に集中しているから、何とかなりそうに思える。**

自分が何を考えているのか自覚すれば、せかせかしたりくよくよしたりすることがなくなるのだ。

私たちの心は、もともとポジティブな方向に考えるようにできている。

美しく花が咲く庭も、手入れをしなければ荒れてしまうもの。だから、雑草を抜いたり、水やりしたり、丹精することが必要だ。

心も同じ。ネガティブな考え方という雑草を抜き、水やりを忘れなければ、おだやかで満ち足りた時間があふれだすだろう。

安らかな小道
くよくよ通り

15

SLOWING DOWN TO THE SPEED OF LIFE

「必死になるほど逆効果」のメカニズム

――〝過去をうじうじ、未来にハラハラ〟を卒業！

人生がとても満ち足りていて、順調に進んでいると思える瞬間が、日々あふれていても、ふっとした隙に後ろ向きな考え方にとらわれてしまうことがある。

請求書にくよくよし、未来のことにハラハラし、過去をうじうじと後悔し、仕事でイライラすることに、かなりの時間を費やしている。

妙に気持ちが焦ったり、同じことをぐるぐると考えたりしてしまうようなとき、できるだけ早く、簡単にそこから抜けだすには、どうすればいいのだろう？

答えはシンプル。

「必死にならないこと」である。

たとえば、パーティーで会ったときは名前を思い出せなかったのに、その帰り道ではっと思い出した――それに似たような経験はないだろうか？　思い出したいときに思い出せないのに、その情報が必要でなくなったとたんに思い出す。

それは、偶然のことではない。

私たちの心は、プレッシャーに弱いのだ。見方を変えれば、**肩の力を抜いて落ち着きを取り戻せば、心はひとりでに答えを見つけてくれる**。

「今」ではなく、「次」のことを絶えず考えていないと、すべきことを忘れてしまうと思う人もいるだろう。

四六時中、先のことを考えていないと、ガス欠になる前に給油したり、公共料金を期日までに支払ったり、資料を約束通り顧客に渡したり、といったことを忘れてしまうのではないか――その不安はわからなくもない。

けれど、心配はいらない。

キリキリ舞いしたり、あたふたしたりせず、ゆったり構えているようになるにつれ、「うっかり忘れていた！」というトラブルは少なくなり、いつでもリラックスしていられるようになるのだ。


今度もし、誰かの名前や、歌のタイトルや、数分前にやろうとしていたことがどうしても思い出せなくなったら、「必要なことは必要なときに必ず思いだせる、思いつくようになっている」と考えることだ。

そして、**「大丈夫。そのうち思い出せる」**と、心から信じることだ。

これは、無責任に放っておくことではない。

実際にやってみると、**必死にならないことで生まれてくるパワーの大きさ**がよくわかる。

16

SLOWING DOWN TO THE SPEED OF LIFE

いい人生は“煮込み料理”をつくる要領で

――心の中のコンロに“さまざまな考え”をかけておく

発明家のエミール・ヴォルマーはこう言っている。

「この問題はなかなか手ごわい。すぐには答えが見つからないかもしれない。そんなときはしばらく放っておいて、コーヒーでも飲むのがいい。あらためて取り組めば、アイデアが浮かんでくる」

けれど、答えが浮かんでくるのをじっと待っていても、すぐには思いつかないこともある。たとえ浮かんできても、どうもしっくりこない。

またしても、じりじり焦ってくる。

こんなときも、心配ご無用。**リラックスして問題をもうしばらく放っておくに限る。**

コンロに、野菜とだし汁を入れた鍋をかけておくと、ゆっくりと火が通って、しばらくすれば、おいしくて栄養のあるスープができる。

このスープは弱火でじっくり煮込むのがコツで、強火で煮ると野菜のうまみがスープに出なかったり、焦がしてしまったりする。弱火だからずっと注意して鍋を見ておく必要はないし、その間にもう一品、おかずをつくることもできる。

これと同じように、問題を解決できないときは、心の中にあるコンロを使ってみよう。

答えがほしい問題を、それにまつわる情報や、見込みのありそうな解決案と一緒に鍋に入れ、コンロにかけておく。

すると、あなたが他のことをしている間に、さまざまな考えがスープの材料のようにくたくたに煮込まれて、問題の答えをつくりだしてくれるのだ。

その間、**あなたは「今」に集中できる。**

今起こっていることに一生懸命になり、毎日を楽しみながら、問題も解決できる。

たとえば、恋人と別れるかどうか悩み、それについて四六時中考えていたところで、結論が出ないまま堂々めぐりになるのがオチ。

そんなときは、とりあえず放っておく。ちょっと距離をおいて自分の心を眺めてみると、内側に隠れていた本音が聞こえてくる。

一緒にいたいのか、もう気持ちは離れているのか、意外にすんなり答えが出るものだ。

問題をしばらく放っておくのは、問題がないフリをしたり、解決をぐずぐず引き延ばしたりするための口実だと思わないでほしい。

コンロの火は、問題が解決するまでは決して消えない。その火種は、解決策を心から望むあなたの気持ちだ。

問題をコンロにかけているとき、それがふと心に浮かぶことがあったら、まだ煮込み足りていない。答えに近づいてはいても、完璧な答えはまだ出ていない。もう一度、放っておこう。

答えが見つかったときは、すぐにわかる。

「わかった!」という目の覚めるような感覚が、わっとわき上がってくるからだ。

濁った川の中にモノを落とすと見えなくなるけれど、流れを止めて泥を底に沈めることができれば、なくしものはすぐに見つけられるだろう。

同じように、心の中につまっている考えを追い出して、心をからっぽにしてみると、隠れていた答えを心の底から拾い上げることができるのだ。

17

SLOWING DOWN TO THE SPEED OF LIFE

自分を「大目に見てあげる」

——あくせく生きることの落とし穴

日常には、私たちをあくせく焦って生きずにはいられなくさせる「落とし穴」がいくつかある。

その1つが**自分の問題と人生について、あれこれ考えすぎること**。

目の前の問題について細かく分析し、過去に照らし合わせて解釈し、これから先のことを予想し、起こるかもしれない結果をまるで実際に起こっているかのように想像する……こうしたことはすべて、解決の逆方向をいっている。

そもそも、**問題が起こったときと同じ頭の使い方をしていては、その問題を解**

決するのはむずかしい。

また、「どうして、自分はこうなのか……」と自分を責めるのも逆効果。

反省することは大切だが、自分を責めすぎずに、**「またやっちゃった」と大目に見る才能も必要だ。**

自分が今、マイナス思考に傾いているなと気づいたときに、人が見せる反応には2パターンある。

1つは、マイナス方向に気持ちがブレていることに気づけてラッキー、と思うパターン。

もう1つは、自分はなんてバカなんだろうと、激しく責めるパターンだ。

自分を責めると、気持ちの落ち込みからリカバリーするのがむずかしくなる。

だから、絶対に自分を責めないこと。

スポーツでも勉強でも、学び始めた頃は、自分の進歩の具合を確認したくなるものだ。ところが、力試しをしてみると、進歩していることに喜ぶどころか、うまくできないところばかりが目についてしまう。

やる気も削がれるし、「才能がないのかも」などと、余計なことまで考えてしまう。

今度、落ち込んだ自分に気づいたときは、「また、やっちゃった」と軽い気持ちでつぶやいてみよう。

私たちはいつだって、前向きになれるまであと一歩、というところを歩いている。

もしネガティブな方向へ何度も何度も道を逸れたとしても、すぐにポジティブな方向へ戻ってくることができたら、それでいいのだ。

3章

SLOWING DOWN TO THE SPEED OF LIFE

なぜ「リラックス生活」が「よい展開」を起こすのか？

心にハッピーの花が咲く心理術

18

SLOWING DOWN TO THE SPEED OF LIFE

ストレスをなくす唯一の解決策は?
――「ほしいもの」を手に入れてもストレスはなくならない

多くの人がイメージする「幸福」と、満足感に満ちた本物の「幸福」とは、まったく別のものだ。

たいていの人は幸福を、「ほしいものを手に入れること」だと思っている。

そして私たちは人生を通して、一番ほしいものを手に入れようとやっきになる。

多くの人の頭の中は、自分を幸せにしてくれるもののことでいっぱいだ。

「恋人がもっとやさしくしてくれれば」

「もっとお金があれば」

「もっと時間があれば」

などなど、キリがない。

1つの願いが叶うと、すぐに次の願いがあらわれる。そうして年がら年中、「この願いさえ叶えば、心から満足できるのに」と考えている。

手に入れられないものをほしがればほしがるほど、あるいはほしくないものが手元に集まってくればくるほど、ストレスはどんどん増していく。

「収入が2倍になれば安心できるのに」

と考えている人は、毎月、給与明細に書かれた数字と、理想の収入額とが食い違うたびにがっかりする。

「自分の自由になる時間がもっと増えれば、心もおだやかでいられるのに」

と思っている人は、ちょっと予定外のことが起きるだけで、気が動転しやすくなる。

「ほしいものを手に入れれば幸せになれる」という幻を追いかけるのは、もうやめにしよう。

「幸せになる条件」を数え上げるほど、その条件が満たされないとわかったときに〝ストレスの原因〟となってはね返ってくる。

仮に「幸せの条件」が揃ったとしても、幸せだと感じられる時間はそう長くは続かない。収入が増えれば、もっと多くの収入がほしくなる。

幸せになるための新しい条件が、付け加えられてしまうのだ。

あなたの考えが、どんなふうにあなた自身をだますのかを知らないと、心はいつまでも、「今とは違う人生」を求め続ける。その願望は、もともと心の中にあるポジティブな気持ちを覆い隠してしまうだろう。

ほしいものを手に入れても、ストレスが軽くなるわけではない。

それに気づいてほしい。

ストレスをなくす唯一の解決策は、おだやかな心を保つための「頭の使い方」をマスターすることなのだから。

19

SLOWING DOWN TO THE SPEED OF LIFE

「やっきになる」ほど、目標から遠ざかる

——求めている「答え」は、いつも自分の中にある

たまってしまったストレスに対処するには、2つの方法がある。

1つは、ストレスの原因に真正面から向かっていくこと。

たとえば、結婚生活があまり幸せなものに感じられないとしよう。

2人は誰かに相談したり、結婚についての本を読んだりするかもしれない。幸せな時間を取り戻そうと、2人の関係についてあれこれ分析し、うまくいく方法はないか、とことん考えるはずだ。

ところが、考えれば考えるほど、頭はこんがらがっていく。

「ストレスを何とかしよう」と正面から突破しようとすると、心は焦って、イライラ

して、後ろ向きな考えしか浮かばない。

最悪の場合、

「彼は私を本当に愛してくれたことなど、一度もなかったわ」

「彼女はもともと、僕に関心がないんだ」

「離婚するしかないのかも」

といった結論に、ならないとも限らない。

ストレス解消のための本を読むたびに、誰かに相談するたびに、あなたは「自分がストレスにさらされている」とあらためて認めてしまうことになる。

なぜストレスを感じるのか、原因を取り除きたいと思うほど、ストレスの原因は自分の「外」にあるように思えてくる。

しかし、**ストレスの本当の原因は、いつでも「あなたの心の中」にある。**

そこで、もう1つの対処法だが、ストレスをうまく解消したいのなら、「問題と思われる出来事」をなくそうと奮闘するのではなく、その下に隠れている原因——つまり、あなた自身の「考え方」を探ることが肝心だ。

解決策は、いつでもあなた自身の心の中にある。

それを忘れないことだ。

20

SLOWING DOWN TO THE SPEED OF LIFE

心の整理上手になるコツは？
――〝ストレスの種〟でなく〝ハッピーの種〟を心に植える

ストレスは外からあなたに降りかかってくるものではなく、あなたの内側から生まれる。

つまり、何をストレスと感じるかは、自分の考え方次第。

自分に起こった「出来事」そのものが、ストレスに満ちているのではない。

私たち自身が、本当は何の色もついていない「出来事」に対して「大変だ」「もうやってられない」と色眼鏡で見てしまう。すると、毎日がストレスでいっぱいに映るわけだ。

バンジージャンプは、ある人にとってはわくわくする遊びの1つだ。けれど、別の人にとっては恐ろしく、関わりたくない、ノイローゼの原因になるかもしれない。

株への投資は、ある人にとっては賢明なことに思えても、ほかの誰かにとっては無謀で意味がなく、ストレスの元凶としか思えないこともある。


週末に来客があるのに、掃除が間に合いそうもない……という場合もそうだ。

「部屋を全部片付けるなんてできっこない」

「お客さんは私のことをだらしないと思うかしら」

と、ネガティブな考えで頭がいっぱいになる。

けれど、ちょっと心を落ち着かせてみれば、ひどい散らかりようだと嘆いても、どうしようとおろおろしても、何の解決にもならないことがわかる。

実は大騒ぎするほど散らかってはいない、と気づくかもしれない。


問題は、「何に」くよくよしているかではなく、**くよくよすること、そのものだ。**

てんてこ舞いのスケジュール、うまくいかない恋、友人とのケンカ——そこからストレスが生じる仕組みは、まったく同じ。

それを「望まない」と思い、「そうでなければいいのに」と思うことにあなたの心が集中しているから、ストレスを感じるのだ。

くよくよすればするほど、ストレスの種は芽吹き、茎を伸ばしていく。

心にハッピーの花を咲かせるには、〝ストレスの種〟ではなく、〝ハッピーの種〟を植えることだ。

21

SLOWING DOWN TO THE SPEED OF LIFE

「ささいなイライラ、カリカリ」を自分で大きくしていない？

――「妄想」に足をすくわれないヒント

「彼が私に、あんなことを言うなんて」

そんな怒りが、ふと頭に浮かんできたとき。

そのうち通りすぎていくだろうと放っておけば、それまでのことだ。きっと、別の何かをあなたは考え始める。

けれど、ただ頭をよぎっただけの考えに、意識が集中してしまったら？

「彼が私に、あんなことを言うなんて。……イライラした言い方だった。そういえば彼は、イヤミっぽく攻撃してくるタイプなのよね。今日も同じように私を責めるかもしれない」

などなど、彼の気に入らないところを数え上げ、過去のあまり楽しくない記憶を思い出し始める。未来に彼がやってしまうかもしれない過ちを、想像するかもしれない。

いったん勢いがつくと、考えは次から次へと浮かんできて手に負えないのだ。

だんだん腹も立ってくるし、イライラしてくるだろう。


文字にすると「そんな妄想じみたことはしない」と思うかもしれないけれど、私たちはこれと同じようなことをしょっちゅうやっている。

恋人とケンカをした後、「何が原因だったかな」と考えてみても、曖昧でよくわからないことはないだろうか？

きっかけは、メールの返事がちょっと遅かったぐらいのことだったかもしれない。

恋人やパートナーとのケンカはたいてい、とても些細《ささい》なことから始まる。

「こんな簡単なこと、どうしてできないの？」

という思いをきっかけに、

「彼のこんなところもイヤ」

「もう耐えられない」
「きっと私に嫌がらせしてるんだ」
と、自分にストレスをかける方向へ、自分であれこれ忙しく考えをめぐらせてしまうのだ。

1つのネガティブな考えから連鎖して、別のネガティブな考えが次々に浮かんでくる前に、考えるのをストップしてしまおう。

カリカリ、イライラしているときに考えても、**いいアイデアなど出てこない**のだから。

22

SLOWING DOWN TO THE SPEED OF LIFE

「小さなこと」にこだわらない練習

――しょせん、すべては「小さなこと」！

「小さなこと」にこだわりすぎないこと。

これは、ストレスフリーの毎日を生きるために欠かせないことだ。

スーパーの駐車場で、不機嫌な人があなたに「車をどけなさいよ！」と怒鳴ったとしよう。

その日の夜、あなたはパートナーにその出来事を話した。

女性の声の大きさ、表情、どれほど頭にきたかを具体的に話しているうちに、駐車場で感じた気持ちがよみがえってくる。さらには、怒鳴られた瞬間よりずっと不快な気持ちになってしまう。

愛する人とおいしいワインを楽しんでいたはずなのに、終わったことを蒸し返して、ついでにイヤな気分まで蒸し返し、せっかくの夜を台無しにしてしまうのだ。


それは、怒鳴った人のせいだろうか？　そうではない。

ほんの1、2秒の不快な出来事に対して、何時間もこだわっているあなたの心の持ち方に、原因がある。

あんな怒鳴られ方をするようなことだっただろうか、彼女はなんてイヤな人間なんだろう、まわりの人はどう思ったかしら……こんなネガティブな考えで頭の中をいっぱいにしても、百害あって一利なし。

ちょっとイヤな思いはしたけれど、**「しょせんは、小さなこと」**と気分転換すれば、怒りも自然とおさまっていったはず。

そして、彼とワインを楽しむ頃には、そんなことはすっかり忘れて、彼とのリラックスしたひとときを楽しんでいたはず。

いつも心が落ち着いている人だって、過去にあったイヤな出来事がふと浮かんでくることはある。

でも、**それにこだわろうとしない**。

ありとあらゆるストレスいっぱいの考えが意識にのぼってきても、

「ああ、またか」

とつぶやくだけ。

あなたの考え方1つで、気分一新できるのか、くよくよ気分を引きずるのかが決まるのだ。

23

SLOWING DOWN TO THE SPEED OF LIFE

〝ストレスに強い人〟ほど病気になりやすい!?

——過剰なストレスには「ノー、サンキュー」！

ストレスをためたくないなら、**ストレスに強くならないようにする**ことだ。

そうすれば、ストレスがたまりにたまって大問題を起こす前に、心のＳＯＳに気づくことができる。

ストレスは、あなたがネガティブな考え方をしていることを教えてくれるサインでもある。エンジンが過熱していることを知らせる、車の警告灯のようなもの。**心がヒートアップしすぎないように、ストレスが限界点を知らせてくれる**のだ。

ストレスに耐える力を、１から10までレベル付けしてみると、最高ランクであるレベル10の人は、命にかかわる事態になるまで、自分のストレスにまったく気づかない。

心臓発作、脳卒中、あるいは他の病気にかかって初めて、ストレスがたまりにたまっていたことに気づく。

言い換えれば、自分の本心に気づかないフリをして、自分をだますのが、あまりに上手すぎる人だ。

レベル7くらいになると、病気になるずっと前にストレスに気づくことができる。とはいっても、恋人や家族を顧みなかったために大切な人が去っていったり、酒に溺れている自分に気づいた後だったりするので、ある意味、すでに手遅れなのだ。

さらにレベルが下がると、ストレスの警告に、もっと早く気づけるようになる。

レベル3の人は、パートナーや同僚の誰かにヘリクツをこねているときに、ふと気づくかもしれない。レベル2の人なら、ちょっと前に誰かに言われた言葉を思い出して、くよくよし始めたときなどに。

ストレスが手に負えなくなる前に、ストレスの原因——ストレスを生みだしている自分の「考え方」に気づけるようになろう。

過剰なストレスには、

「ノー、サンキュー！」

と断りを入れるのが、あなたの心を守ることにつながっていくのだ。

4章

SLOWING DOWN TO THE SPEED OF LIFE

もっと楽になる人間関係のコツ

「ありのまま」を受け入れる“とびきりの効果”！

24

SLOWING DOWN TO THE SPEED OF LIFE

〝恋をしているとき〟の気持ちで生きてみる

──「この人がいてくれてよかった!」と思える関係を築くコツ

恋に落ちる瞬間、人は、まるで時間が止まったように感じるものだ。すべてが輝いて見え、一瞬一瞬がかけがえのないものに思えてくる。

この気持ち──喜び、笑い、楽しさ、ワクワク感、親密さ、誰かとつながっているという感覚──がずっと続けばいいと思うものだ。

今この瞬間を生きていると、「恋をしているとき」と同じような気持ちになる。

「今、この瞬間」に気持ちを集中して人とつき合っていければ、あなたは親密さ、喜び、自発性、思いやり、共感、やさしさ、寛容さ、感謝といった感情を経験するはずだ。

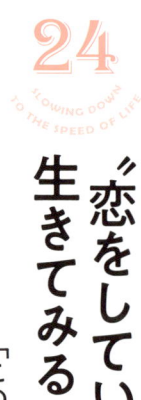

そして、**「この人がいてくれて本当によかった！」**と思えるようになる。

そして、偏見や、敵意や、罪悪感や、嫉妬といったネガティブな感情を抱くことなく、人と接することができる。


ある男性が70歳になったとき、ガンの告知を受けた。あといくらも生きられないから身の回りの整理をしたほうがいいとまで、医者に言われたという。

彼はそのときまで、とても偏屈な人だった。

過去に執着して、怒りや恨み、敵愾心《てきがいしん》でいっぱいだった。友人はもちろん、自分の子どもとも、すっかり疎遠になっていた。

告知を受けて帰宅した日の午後、窓の外をずっと眺めていた彼は、180度生き方を変える決心をした。まず娘に電話をかけ、それまでのことを詫びた。

彼は、過去の恨みなど幻にすぎないこと、何にでも批判的になってしまうことが、どれだけ毎日をつまらないものにしているかに気づいたのだ。

そして、人生で本当に大切なものが何かわかった。それは、**愛する人たちと、残**

された一瞬一瞬を心ゆくまで楽しむということだった。

自分の考え方に気づいたり、心を入れ替えたりするのに、死を予告されるまで待つことはない。

誰でもポジティブな心を持っている。それは、生まれ持った能力だ。

心が前向きになっているとき、私たちはまわりにいる人を新しい視点で見ることができる。そして、親密さと共感、思いやりに満ちた関係を築くことができるのだ。

25

SLOWING DOWN TO THE SPEED OF LIFE

"ざわつく気持ち"を手放すと相手も安心する

――「思い込み」はすれ違いを生む

私たちは「思い込み」にとらわれて、現実をゆがめて見てしまうことがある。同じ出来事を経験しても、信念、理想、あるいは偏見や過去の経験、育ってきた環境や、過去の経験、文化の違いによって、その出来事をどう受け止めるかは人それぞれだ。

そして、「思い込み」にとらわれたまま人と接すると、関係がギクシャクしたりすることがある。そして、本当の親しみを感じることはめったにない。

言い争いが起きるときというのは、たいてい自分の好み、価値観、意見と、他人のそれとが食い違うから。けれど、結局はそのいずれも「思い込み」でしかない。

しかし、たとえ意見が違っても、愛情、理解、思いやりといった深い感情、やさしい気持ちを寄せ合えば、もっと親密なつき合いができるようになるのだ。

自分がどんな考え方をしているかに無自覚でいると、孤独感や疎外感を持ったり、反発心を持ったりする。**自分が見えていないから、人が怖くなり、自分を傷つけるのではないかと不安になる**のだ。

反対に、自分がどんな考えを持っているのか自覚をしていれば、自分に対しても安心感が生まれるし、相手に対してもあたたかい気持ちや思いやりを持って接することができる。

つまり、**あなたの心がおだやかになれば、相手も同じように安心することができる。**

一緒にいてもリラックスできて、お互いの表情が和らいでいく。

自分を理解することで、どんな人ともやさしい関係が築けるようになるのだ。

とにかく**心を落ち着かせて、自分の「考え方」に気づく**ようにするのだ。

自分で自分を責めていない？
いろいろと考えすぎていない？
ポジティブな方向に考えている？

そうやって、自分の「考え方」を見直してみよう。

ある女性は、愛する人の元を去ろうと考えていた。

彼は仕事がうまくいかず、そのことで頭がいっぱい。彼女と過ごす時間さえ、面倒に思っているようだった。

そんな彼の気を引きたくて、彼女はわがままばかり言ってしまう。すると彼は、ますます彼女がわずらわしくなる。

そんな悪循環に、２人は陥っていた。

でも、あるとき彼女は、自分がわざわざ自分を傷つけるような「考え方」をしていることに気づいた。焦る気持ちが、彼を愛する気持ちを邪魔していることに気づいたのだ。

すると、ざわついていた気分がすっと和《やわ》らいだ。

そして**自分の幸せが、彼が自分に何かしてくれるかどうかによって左右されるものではない**ことに、彼女は気がついた。

次第に彼女は、彼の心が理解できるようになり、相手をしてくれないことに不満を感じるのではなく、忙しくしている彼を思いやることができるようになった。

ある夜、ひどく遅い時間に、彼が出張から帰ってきた。

彼がヘトヘトに疲れきってストレスでいっぱいになっていると感じた彼女は、ぎゅっと彼を抱きしめたのだ。その瞬間、彼は泣きだし、やっと心を開いて彼女につらい胸の内を語ってくれた。

2人は以前より、強い絆で結ばれるようになった。

愛情に飢えていた自分に彼女が気づいたことで、彼との関係を立て直すことができたのである。

26

SLOWING DOWN TO THE SPEED OF LIFE

「ふさぎ込んだ気分」に効く特効薬

――「心の免疫力」を高めて自分をレスキュー！

「考え方」はいつも揺れ動いている。だから「気分」がころころ変わるのも、仕方のないことだ。

気分が変われば、愛する人も違って見える。ある瞬間には、世界で一番かけがえのない大切な人に思えるのに、次の瞬間には、どうしてこんな人と一緒にいるんだろうと思ったりする。

また、愛を告白するにしても、ケンカした恋人と仲直りをするにしても、目的は同じなのに、その方法や手段は、その人の「気分」次第で違ってくるものだ。

まわりの人が今どのような気分なのかを理解できるようになると、相手のちょっとした気分の変化からネガティブな影響を受けることも少なくなる。

たとえば、大切な人がふさぎ込んでいるからといって、自分まで心配や不安で暗い気持ちにならなくてすむ。また、その人に声をかけるべきときと、黙って見守るべきときが見極められる。

気分が落ち込んでいるときは、人の話や態度を気持ち半分に受け止めること。

ふさぎ込んでいるときは、いつもより深刻になったり、短気になったり、イライラしたりしがち。みんなが自分に対してやさしくなくて、助けてくれず、裏に何か魂胆があるように見えてしまう。

しかし、落ち込んだ気分が通りすぎてしまえば、自分の見る目がどんなにゆがんでいたかに気づく。どうしてあんなにカリカリしていたのか、こっけいに思えるくらいだ。

自分の気分がふさいでいるなと感じたら、側にいる人にそう伝えるのもいいかもしれない。自分の機嫌が悪いのは、誰のせいでもないと言っておくのだ。

私の友人は、恋人のために「放っておいてくれ。イラついているんだ！」と書かれたTシャツを作ってしまった。そこまでやる必要はないけれど、自分の「気分」に気づけば、側にいる大切な人たちとの間にイヤな空気を作らずにすむ。

そして同じように、人が落ち込んでいるのを見ても、自分のせいだと思わないこと。

「なぜ、落ち込んでいるのか」と相手を分析したりする必要はない。

「ちょっと調子が悪いだけだ」

「大したことじゃない、誰にだってあることなのだから」

こんなふうに考えてあげることだ。

だって数分後か、数時間後には、あなたも気分が落ち込んでいるかもしれないのだから！

そのときは、まわりの人が辛抱強く見守ってくれたり、理解してくれたりすることを、とてもうれしく思うはずだ。

大切なのは、相手のネガティブな態度を、個人的に受け止めないこと。

私はこれを「落ち込んだ気分に対する免疫力」と呼んでいる。

そして、**「心の免疫力を高める」**ことで、誰かのふさぎ込んだ気分に「感染」するのを避けることができる。

ある日、友人に電話してみると、どうもよそよそしく、気が乗らない感じで、迷惑そうだったとしよう。あなたはその態度にイライラし、嫌われたのだろうかと不安になるかもしれない。

しかし現実は、友人がヘトヘトに疲れていて、早く寝たくてたまらなかっただけ。

それがわかれば、イライラや不安はなくなり、相手をいたわる気持ちがわいてくるはずだ。

心の免疫力が高まれば、人間関係のストレスが格段に減っていくのだ。

27

SLOWING DOWN TO THE SPEED OF LIFE

「心と心で対話するか」「頭と頭で対話するか」で人間関係が激変

――人間関係のトラブルを解決する「6つのコツ」

人間関係のトラブルが起こったとき、〝コミュニケーション〟さえ十分に取れたら、すべてが解決するはず――といった思い込みが、私たちにはあるものだ。

確かにそうも言えるけれど、ちょっと誤解も含まれている。

コミュニケーションにもいろいろあって、もっと親しい関係になれることもあれば、修復できないところまで関係をこじらせたりするケースもある。

この違いは何だろう？

それは、**心と心で対話をするか、頭と頭で対話をするか**の違いなのだ。

心と心のコミュニケーションには、人間関係を変える力がある。

心と心でコミュニケーションするとき、2人は話をする前より後のほうが、相手に対する敬意と思いやりが深まる。

これに反して、頭と頭のコミュニケーション——議論し、主張し、説教し、感情的になって対立すること——は、たいていの関係に大きな傷あとを残す。そしてお互いに、自分は正しく、相手は無知で愚かだと、いっそう確信するようになる。

討論会で意見をたたかわせたいときならいざしらず、相手と「いい関係」を築きたいなら、頭と頭のコミュニケーションは、あまりおすすめできない。

そこで、心と心のコミュニケーションを、より効果的にするためのコツを6つ挙げてみよう。

①気分が「前向き」なときを選ぶ

焦っていたり、深刻になっていたり、イライラしたりしているときに心と心の対話を求めても、うまくいかない。

気分が前向きになるまで、待ったほうがいい。

②結果をいっさい期待しない

相手をコントロールしたり、プレッシャーをかけて自分の意思を通そうと、なにかしらの「結果」をあなたが期待していると、相手はそのことに勘付《かんづ》く。すると相手は心を閉ざし、頑《かたく》なになる。これでは、対話がうまくいくはずもない。

③許可をもらう

対話は一人では成立しない。

心と心の対話を始める前には、まず相手に「あなたも心と心の対話をしてもらえますか？　同じ話し合いのテーブルについてもらえますか？」と確かめるのだ。

そうしないと、**心と頭の対話**になってしまうかもしれない！

④心から話す

ありのままの自分を見せ、自然と言葉が出るに任せること。これは自分のことをあけすけに暴露することではなく、自分を偽ることなく、素直に今の気持ちや言葉を伝える、ということ。

それが「心から話す」ということだ。心から話していると、相手との信頼関係がどれくらいできているか、またその場の雰囲気、相手の気持ちなど、それらにぴったりの言葉が口から出てくる。心を開いて話すことで、心の奥に眠っている知恵が浮かび上がってくるのだ。

⑤無心で耳を傾ける

人の話を心から聞くときは、頭の中をからっぽにして、心に何の期待もこだわりも持たずに、耳を傾ける。ラジオの受信機のようなイメージで相手の話を聞くのだ。

無心で耳を傾けるとき、心はただただ話にだけ関心を向けている。会話をきっかけに、ふと思いついた考えや、浮かんできた過去の記憶に、気を散らされることもない。

あなたはただ**相手に共感すること**が大切なのだ。

⑥礼儀正しく、あたたかで、思いやりのある雰囲気を保つ

心と心の対話をしているときは、あたたかく、思いやりの気持ちを持ち続けること。礼儀正しさを損ねてもいけない。イライラしたり、ムキになったり、気を散らしたりすると、相手を思いやる気持ちが失われてしまう。

さらに踏み込んだ話をしたり、もっと重要な話をしたいとあなたが望んでいても、相手が乗り気でないようなら、無理に話を進めてはダメ。そういうとき、あなたは思いやりの気持ちをどこかへ忘れてきてしまっている。

心と心のコミュニケーションには、マニュアルなどない。

でも、この6つのことを忘れなければ、必要なとき、必要な人と、心と心のコミュニケーションが、自然とできるようになる。

28

SLOWING DOWN TO THE SPEED OF LIFE

たとえば、相手にイヤな態度を取られたとき…

――「自分に甘く、人に厳しく」なっていない？

誰かとの人間関係がうまくいっていないことに心を痛めたり、なぜ昔のように、うまくいかないのかと悩むとき、私たちはすべての記憶を引っ張りだして、「今」との食い違いを説明してくれるデータを探そうとする。

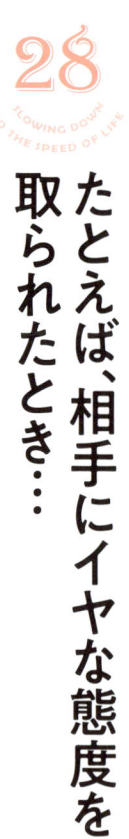

その結果が招くのは、誰が正しくて、誰が間違っているかといった、非難の応酬。責めたり、憎んだり、腹を立てたり、傷つけたり、罪悪感を覚えたり、恥じたり、自信をなくしたり……ネガティブな方向へと引きずられていく。

人間関係において、悪いのは誰なのかを分析しようとすると、たいていは自分に都合よく解釈するので、自分に甘く、人に厳しくなってしまう。また、すべて〝自分視点〟で見た結果なのだから、当然、自分本位の意見になりやすい。

では、どうすればいいのだろうか？

自分と相手、お互いの中に悪意がないことを証明するのだ。

★過去から今まで、誰もが最善を尽くしている。

★それぞれが自分の思い通りにできれば、とても充実した、いい関係が築けるに違いない。ただ、その方法を知らないだけ。

この2つの仮説にうなずけるなら、自分や相手に悪意はないと気づくことができる。

まずは、**自分の中に悪意がないことを見つけるほうが大切**だ。それによって肩の力が抜けるので、人と心を開いてつき合えるようになり、相手にも悪意がないことが伝わる。

もちろん、過去の出来事や行ないの責任がまったくない、ということではない。ただ、いつだって誰もが、一番いいと思う選択肢を選んできたと考えればいいのである。

同じ状況に直面しても、そのときの「心の状態」によって受け止め方や態度は違ってくる。空腹の人が食べ物のことしか考えられなかったり、ビクビクしている人は普通の人が気づかない危険にもピンとくるのと同じだ。

相手を助けたいと思って近づいても、手を差し伸べられた人が、その時「不安でたまらない」と感じていれば、相手が自分を思い通りにしようとしているのではないか、だまそうとしているのではないかと疑い、誤解して、手を差し伸べてくれた人にまったく感謝できないどころか、正反対の態度をとってしまうこともある。

だから、**相手にイヤな態度を取られたときは、それが自分に向けられたものではなく、そのときのその人の心の状態がそうさせているだけだと思って**あげればいい。

そうすれば、自分までネガティブな気持ちになるのを、避けられる。

逆に、相手がポジティブな心で、やさしさや思いやりのあるふるまいをしてくれたとき、心が落ち着いていれば、相手の気持ちを素直に受け取ることができるのだ。

29

SLOWING DOWN TO THE SPEED OF LIFE

この爽快感はクセになる！
――「過去のくよくよ」をきれいに洗濯する

今を精一杯生きるためには、恨みや後悔といった過去を忘れること。

ところが多くの人が、恨みは自分たちを強くし、それを持ち続けることでリベンジできる、大きくなれると信じているのだ。

しかし最期のとき、ほとんどの人は、過去の痛みを喜んで手放すという。

それを「今」からすればいいのだ。

そして、

「もし相手が謝ってくれるなら」

「許してほしいと心から反省しているなら」

というように、許すことに条件をつけないこと。

積極的にあなたから、許してあげよう。

自分から許すと決めた瞬間、不思議なことに心にも変化のスイッチが入り、わだかまっていたものがスーッと小さくなっていくのを感じるはずだ。

そして、つらい記憶がよみがえってきても、

「また、思い出しちゃった。でも、そのうちに気にならなくなる」

とやりすごせる。このときあなたは、「今」に目を向け始めている。

「許すこと」が過去を忘れる方法の1つだと知れば、許すことの抵抗感は小さくなる。

記憶を思い起こすのは、汚れた洗濯物を汚れた水ですすぐようなものだ。

恨みや後悔で汚れた水で何度心を洗っても、きれいになるわけがない。

許すことでマイナス感情を手放せば、すすぐ水はきれいになり、あなた自身も癒《いや》されて、感情にとらわれずに相手と向き合える。

「許すこと」で得られる心の「爽快感」は、クセになるほどだ。

まわりにいる人たちを、思い込みや誤解というフィルターのかかった目で見てしまわないように、いつも心をきれいに洗濯しておこう。

30

SLOWING DOWN TO THE SPEED OF LIFE

子育てはもっともっと楽しめる！

――子どもとの「特別な時間」は「今、ここ」にしかない

子どもと一緒に過ごせる時間がどれほど短いかわかっていても、ほとんどの親が子育ての日々をあくせくして過ごし、早く過ぎ去ってくれればいいと思う。

「幼児期が過ぎたら、楽になる」

「2歳を過ぎると、あまり怒らずにすむからほっとする」

「やっかいな十代が早く終わってくれるといい」

そう思う。けれど、子どもが大きくなるにつれて、

「赤ちゃんの頃が懐かしいわ」

「あっという間に大きくなって、何だかさみしい」

などと言う人も多い。

「今、ここ」を楽しむための原則は、子育てにもぴったりだ。

落ち着きなく、何かにせかされたような気持ちで親が子どもに接していると、子どもにもいろいろな形で影響を与えることがある。

たとえば、自宅を訪ねてきた友人が、グラスの中身をこぼしたとしたら、あなたは何と言うだろう?

「気にしないで。拭いておくから。それより、もう一杯いかが?」

ところが、自分の子どもが同じことをすると、

「どうしていつもこぼしたりするの? 今週で3回目よ!」

こんなふうに声を荒げていないだろうか?

でも、心が落ち着いていたら、ここで過去の失敗をあげつらうよりも、ずっといい方法に気づくはず。

グラスが割れていないかと気遣ってあげたり、どんなふうに気をつけていればこぼ

さないようにできるかアドバイスしてあげたり。

親の心に余裕があれば、子どもの失敗にいちいちイライラしたり、小さなことに目くじらを立てずにすむようになる。

心に余裕がないと、どんな人であれ、視野が狭くなってしまうものだ。

たとえば、十代の子どもが親をうるさく思うようになって、一緒に出かけるのを嫌がったりし始めたとき、心に余裕がないと「私の育て方が悪かったのかしら」と悶々と悩んでしまったりする。

けれど、心が落ち着いていれば、それがティーンエイジャーによくある反抗期であり、親離れの予行演習であり、自分だってその年の頃は同じようなものだったと気づくだろう。

そのほかにも、「学校なんて大嫌い」と子どもが言ったとき、

「学校が嫌いってどういうこと？　何があったの？　登校拒否⁉」

と大騒ぎし始めるようなら、それは親の心がせわしないから。

本当は、何となく落ち込んだ気分から言った軽いひと言だったのかもしれないのに、ものすごい大事件のように思えてしまうのだ。

親が子どもの何気ないひと言を大げさに受け取ると、子どもを心配したつもりが逆効果になる。

せわしなく考えていると、人生はハプニングの連続に思えるだろう。けれど、ゆったり生きれば、自分の考え方こそが、その原因だとわかるはずだ。

世の中のたくさんの親たちは、子どもと過ごす時間を楽しみたいと思いながら、今目の前にあるその機会をみすみす見逃していることが、とても多い。

たとえば子どもが今日一日のことを楽しげに話しているとき、それを聞きながらも、心は週末の家族旅行の計画を立てるのに忙しい。家族水入らずで食卓を囲みながら、

翌週にレストランでもっと楽しく食事をする計画を立てるのに余念がない。

運動会で、我が子のベストショットを逃すまいと必死になるあまり、目の前で頑張っている子どもを応援することさえ忘れてしまう親が、たくさんいる。

ビデオカメラでの撮影に一生懸命になっていて、一人娘の結婚式の大半を、その目で見ることを忘れてしまう親もいる。


後で写真やビデオを見れば、その出来事を心から楽しめると勘違いしているのだ。

でも実際は、「今、目の前にあること」を、もう二度と見ることはできない。

本当なら、私たちは今この瞬間の美しさにもっと気づけるはずなのだ。


大切な人との「特別な時間」は、「今、ここ」にあるのである。

31

SLOWING DOWN TO THE SPEED OF LIFE

親が変われば、子どもも変わる！

――「子育て」は神様からのすばらしい贈り物

ゆったりと生きていると、親の心にもいろいろな〝うれしい変化〟が起こる。

まず、**ありふれた瞬間が、とても素晴らしい瞬間に思えてくる。**

だから、週末に子どもたちと海に出かけて遊ぶのを心待ちにしなくても、家の外で一緒に遊んだり、リビングで話をしたり、夕日を眺めたりすることだって、同じくらいかけがえのない時間だと気づくのだ。肩の力が抜けて、ありふれた日常の瞬間を楽しめるようになる。

さらに、それまでイライラさせられていたことのほとんどが、取るに足らないことだったと思えてくるだろう。

また、親が心おだやかでいれば、子どもに対して落ち着いたふるまいの手本を見せることができる。

「ちゃんとしなさい！」「急ぎなさい！」と、子どもに言って聞かせようとする親の姿は、子どもの目にどう映っているだろう？　中には、イライラして怒鳴る親もいる。

しつけているつもりかもしれないが、子どもはそんな親のカッカしたふるまいをお手本にする。**親が怒鳴れば、子どもも怒鳴るようになる**のだ。

逆に**親がゆったり生きれば、子どももゆったり生きるようになる。**

そして、これは本当に大切なことだが、心おだやかに子育てをしていると、いつか子どもが大きくなったとき「子どものそばにいてやれなかった」と後悔することがなくなるのだ。

子どもが「親はいつもそばにいてくれなかった」と思うとき、それは「いつも隣にいてくれなかった」というよりは、**「心が自分に向いていなかった」**ことを寂しく思っている場合が多い。

親たちは、今朝の食事の準備や、今日の会議のことや、その晩に片付けなければいけないことなど、今以外のあらゆることで頭がいっぱいになっていたのだ。

子どもは親の心が離れていることを敏感に感じ取り、親は自分に関心がないのだと思う。

子どもに寄り添うというのは、必ずしも、子どもと過ごす時間を増やすことではない。**一緒にいるとき、目の前の子どもに集中するということ**だ。そうすれば、たとえ短い時間でも、たっぷりの時間を楽しめたのと同じことだと、親も子どもも心から満足する。

また、子どもの力を十分に引き出してあげるには、親が子どもをせかし、ダメなところを教え、はっぱをかけないとダメだと思う人もいるようだ。

けれど、それはまったく逆。

子どもの心をすこやかに成長させるためには、子どもたちを信頼し、可能性を信じてくれる大人がそばにいることだ。そして、欠点や今できないことより、**子どもが生まれながらに持っている元気な心のパワーを、決して疑わないこと**だ。

子育ては本当なら、あわてることも、せかされることも、多くの親が感じているストレスもない、楽しい経験なのだ。

そのコツは、ゆったり生きること。

前向きな心を呼び覚ませば、今にぴったりの賢明な決断を下せるだろう。おまけに、子育てというすばらしい贈り物を楽しむこともできるのだ。

5章

SLOWING DOWN TO THE SPEED OF LIFE

「やるべきこと」がサクサクはかどる魔法

気持ちがポジティブ、「ノッている」状態になる!

32

SLOWING DOWN TO THE SPEED OF LIFE

「短い時間」で「多くのこと」を達成する秘訣

——もっとスマートに仕事とつき合おう

こんなに毎日があわただしいのは、仕事が忙しすぎるせいだ——と考えている人はたくさんいるだろう。

テクノロジーの発達によって、確かに便利になったけれど、一方で、「より少ない時間で、より多くのこと」をしなければならなくなったのも事実。

そのため、ストレスで「心の風邪」をひく人も増えている。

あなたは今、仕事と賢くスマートにつき合えているだろうか？

仕事の能率は上がっている？　自分の仕事に満足している？　あなたは今の働き方で、本当に幸せなのだろうか？

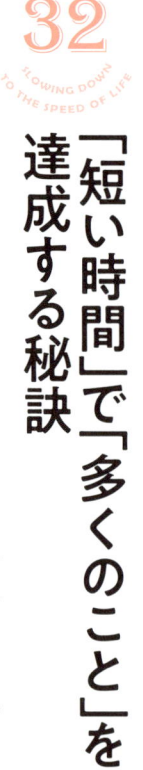

今ある瞬間に意識を向けて、心に余裕をもって生きることは、仕事にもいい影響を与えてくれる。

たとえば、人の気持ちがくみ取れるようになり、職場の人間関係は心地いいものになるだろう。的確な決断ができるようになるし、やる気もわいてきて、ストレスから解放され、落ち着いて仕事ができる。困ったトラブルが起こっても、知恵を働かせて乗り切れるようになる。

矛盾するようだが、**増えていく一方の仕事を次々とこなしていくには、心にゆとりを持つことが必要条件**だ。人はせかされるとミスをしやすくなったり、焦りからストレスもたまりやすくなる。まわりとの関係もぎくしゃくしだすだろう。

情報はまるで津波のように、次から次へとあなたへ押し寄せてくる。大量に、しかも、ものすごいスピードで。

だから私たちは、情報の津波に押し流されてしまわないように、もっと賢く、効率よく、情報とつき合う方法を身につける必要がある。

そのカギとなるのは、やはり**ポジティブな心**。

自分をストレスで壊してしまわないように、**しなやかに仕事とつき合うコツ**を知っておくことが大切だ。

ジョンは、突然辞めた同僚の仕事を、これまでの仕事とあわせてやってほしいと上司に言われた。

それを聞いて、最初は「こんなことフェアじゃない！」と怒りを覚え、次に「そんなこと言ったってムリだ！」と途方に暮れ、そして最後には「一体、自分一人でどうやればできるんだろう？　まさか自分もリストラされるんじゃないか……」と不安になった。

しかし、もし、彼が創造的に仕事に取り組むために心を落ち着けて、広い視野を持ったなら、「今」に集中することができただろう。

状況が変化したときに一番大切なことは、自分自身と広い視野を見失わないことだ。

「前向きな心」でことにあたれば、やっかいな状況を切り抜けるにはどうすべきか、自然と答えが見えてくる。

新しい課題が目の前に現われたときは、これまでの習慣をちょっと変えてみようというサインだ。

「もっと必死に」、ではなく、「もっと賢く」働くことだ。

そのためにも、一度に1つの仕事に心から集中してあたること。

〝マニュアル通り〟に進めるのではなく、**心と頭をバランスよく働かせる**こと。

それが、仕事と上手につき合う方法である。

33

SLOWING DOWN TO THE SPEED OF LIFE

斬新！ カメ的仕事達成術

――「ストレスゼロ、効率最高」の仕事のペースとは？

ウサギとカメの話を知っているだろう。

自分は足が速いと自惚《うぬぼ》れていたウサギは、カメとの競走の最中に、うたた寝をしてしまう。一方、かなり引き離されていたカメだったが、マイペースに、ゆっくりと、一歩一歩進み、決して足を止めなかった。結局、カメはウサギに勝ったのだ。

仕事や家のことが山積みで時間がない。ましてその後、友人や趣味のために使う時間などあるわけがない、とみんなが思っている。

何とかしようと、パソコンや携帯電話、電子メール、インターネットなど、時間節約のための道具を使えば使うほど、皮肉なことに私たちは空いた時間に、もっともっと別の予定を詰め込もうとする。

こんなやり方で時間をつくろうとしても、絶対に失敗する。

そもそも、**「時間の感覚」**がどこから生まれるのか、わかっていない。「時間が足りない」とか、「時間があっという間にすぎてしまう」とか、そういう感覚は自分の「考え方」から生まれている。

「時間の感覚」は、時計が刻む時間とは、まったく関係がない。

待ち合わせに相手が遅れてきたときと、あなた自身が遅れてしまったときとでは、時間が違って感じられないだろうか？

前者では、時間がゆっくり進んでいるように感じてイライラするが、後者では速く進んでいるように思えて焦るだろう。

歯の治療を受けている患者は、待合室で順番を待ったり、口の中をのぞかれたりしていると、時間がうんざりするほどのろのろ進んでいるように感じられる。
ところが、歯科医は一日が飛ぶように過ぎていき、時間が足りなくてすべての患者を診られないと感じている。

私たちは、イライラしていたり焦っていたりするときほど、たくさんのことを同時にやろうとしたり、過去や未来に気が散って、目の前の仕事がおろそかになる。
しかし、そういうときほど「一度に1つずつ」こなすことが一番効率がいいものだ。
するとミスは少なくなり、満足感を味わえ、さらには、もっと多くの仕事をこなせるようになるのだ。

たとえたくさんの締め切りを抱えていても、大きな責任を負っていても、**常に気持ちを「この瞬間」に集中させる**こと。

ストレスによる疲れのほとんどは、目の前の仕事ではなく、「やらなければならないこと」をひっきりなしに考えていることが原因なのだ。

朝、ベッドに横たわりながら、その日一日のスケジュールを考えて、まだ起き上がってもいないのに、ドッと疲れた気分になったことはないだろうか？
私たちはそうして、考えなくてもいいことを考えては、大切な休息や楽しみを失ってしまうのだ。

また、「時間の感覚」について理解が進むほどに、あなたは**「ストレスゼロ、効率最高」の〝ほどよいペース〟**で仕事ができるようになる。

ほどよいペースで仕事をするとは、**一度にたくさんの仕事をしすぎない**ということ。じっくり時間をかけて考え、優先順位を決め、人の話に耳を傾けることである。
大工の古いことわざに「二度測って、一度で切る」という言葉がある。ほどよいペースで仕事をするとは、つまりそういうことだ。

以前、腕のいい職人である友人と、キャビン（小屋）を建てることになった。しかし友人の仕事ぶりは、どうものろのろしているように見えて、私はイライラしていた。

しかし、時間が経つにつれて、友人の隠された知恵に気がついた。彼は、1つひとつの作業をじっくりと考え、最善のやり方が見つかってから取りかかっていたのだ。だから失敗はめったになく、材料もムダにしなかったので、費用を安く抑えられた。

ほどよいペースで仕事をすると、ムダも失敗もうんと少なくてすみ、その場その場にうまく対応できるようになる。また、人に協力してもらうにはどうすればいいかもわかってくる。

ひいては、仕事や人生で成功を手にすることもできるのだ。

34

SLOWING DOWN TO THE SPEED OF LIFE

手際よく仕事が進むチームの秘密

――「信頼」は人間関係の最高級の〝潤滑油〟

人と人との間に安心感があふれているとき、それを「信頼関係」と呼ぶ。

まわりの人と信頼関係で結ばれていれば、そのときやるべきことは、何でもうまくやりとげることができる。新しいプロジェクトについて話し合ったり、意見を出し合ったり、やっかいな問題の解決策を探ったり。

信頼関係がある環境では、どんなときも、どんな人にも、前向きに、思いやりを持って接することができるだろう。

信頼関係は、人間関係をスムーズにする潤滑油のようなもの、というわけだ。

もし2人の間に信頼関係が欠けていれば、そのうち自分も相手も、必要以上に緊張したり、疑ったり、イライラしたりといった、ネガティブな気持ちになってくる。

さらに信頼が失われてしまうと、側にいるのも息苦しく、当たり障りのない会話しかできず、笑顔を見せることもなくなってしまうのだ。仕事の効率も、がっくり低下するだろう。


たとえば、ある上司は頑固者で、時間にものすごくうるさく、部下をちっとも信用していないのが見え見えだった。仕事熱心ではあるのだが、部下が懸命に働いても、ねぎらうこともしない。

もう1人の上司は、同じように熱心に仕事をしたが、一方で部下を信頼して仕事を任せ、ミスをしたときは、根気よくおだやかにそれを正した。


2人の違いは、おもしろい結果となって表われた。

頑固者の上司の部下たちは、ミスが多く、仕事もサボりがちだった。彼がいないところでは、真面目に仕事をしないのだ。だらだらしていて、いつまで経っても仕事が

終わらない。

一方、おだやかな上司の部下たちは、みんな楽しんで仕事をしていた。上司の見ていないところでも努力し、頑張るので、手際よくさっさと仕事が進む。毎日が飛ぶように過ぎていくようだった。


2人の上司の違いは、たった1つ。**部下との信頼関係**だ。

前者の上司は、部下はみんな怠け者で、仕事ができず、役に立たないと考えていた。後者は、部下はみな好感の持てる人たちで、仕事を立派にやり遂げたいと願っているはずだと考えていた。

自分が相手をどんな人だと思うか、その「考え方」によって、信頼関係を築けるか否かが決まるのだ。

35

SLOWING DOWN TO THE SPEED OF LIFE

「やっかいな人たち」への対応術

――「大目に見てあげる」ことの〝すごい効果〟

前向きな心を持っていれば、やっかいな人たちとつき合うのも、そうむずかしいことではない。防水加工のレインコートを着て、土砂降りの中を歩くようなもので、あなたがびしょ濡れになることは、ほとんどない。

相手が何と言おうと、何をしようと、それがあなたに向けられたものだったとしても、**真正面から受け止めない**こと。すると、たとえみんなをイラつかせる同僚がくだらないことでつっかかってきても、何かとおもしろがる余裕を持つこともできる。

たとえば、同僚みんなから嫌われている女性がいるとする。彼女は偏屈で、同僚の仕事ぶりをこきおろし、いつもネガティブで、どんな意見にもことごとく反発し、必ず協力をしぶった。嫌われて当然のように、あなたは思うかもしれない。

けれど、実は彼女が体を壊していたり、プライベートでとてもつらい思いをしていたりすることがわかったら？

つまり、彼女のネガティブな考えや行動の「裏」にあるものに思いをいたせば、彼女の困った態度も、大目に見てあげられるようになる。

そして、同僚たちが彼女にとげとげしい態度をとらないようになれば、彼女自身のまわりを困らせるふるまいも影をひそめていくはずだ。自分がどれほど〝困ったさん〟だったかにも、気づくかもしれない。

どの職場にもいる困った人とつき合うときは、次の４つの心構えを持っておこう。

①その人の行ないではなく、**可能性**に目を向ける。そうすれば、前向きな心を引き出しやすくなる。

②その人は気分が落ち込んでいるのかもしれないし、つらい目にあっているのかもしれない、と**相手を思いやる**。

③批判的になったり、過剰に反応したりしないほうが、自分のためだと理解する。**自分の感情の相手をするのは、自分自身**なのだから。

④どうしたらいいかわからないときは、自分が**相手の話にちゃんと耳を傾けているかどうか**確かめる。相手ときちんと向き合えば、いつだって解決策がひらめくことを思い出そう。

36

SLOWING DOWN TO THE SPEED OF LIFE

自分とまわりの人の「気分の波」をうまくサーフィンする

――機嫌のいいときは「GO」、悪いときは「STOP」

私たちはいつだって、気分がよくなったり悪くなったりするのをまわりのせいにする。

休暇直前になって締め切りが迫った仕事を指示されるとか、上司が突然怒り出すとか、誰かのせいで遅刻したとか、こうした出来事のせいでイライラさせられていると思い込む。

でも、本当はそうではない。

前述したように、**あなたの気分を左右しているのはすべて、あなた自身の「考え方」**だ。

それがわかってくれれば、あなたは自分の気分とうまくつき合える。

たとえば、ふさぎ込んでいるときは、できるだけ重要な決断はしないとか、大切な顧客に電話するのは、やる気がわいてくるまで待つといったことが、できるようになるのだ。

自分の今の「気分」に気づき、理解して、気分に合った行動をとるのは、その日の天気に合った服を選ぶのに似ている。

暑い日には涼しい恰好をし、寒い日には上着をはおり、雨の日には傘をさす——気分とも、そうしてつき合えばいい。

そして、**まわりの人の気分にも波がある**ことを知っておこう。

相手の気分に合わせて、自分の気分を変えるということではない。**その人の気分を考慮に入れるだけで、いろいろなことがストレスなく回り始める。**

たとえば、部下がどうも機嫌が悪そうだとわかれば、気分が浮上するのをちょっと待ってから新しい仕事を指示する、といった具合に。機嫌がいいときなら部下はこちらの話を聞く耳を持つだろうし、ムキになったりしない。

逆でも同じこと。仕事が忙しい時期にどうしても休暇を取りたいという相談を上司にするなら、やはり上司の機嫌がいいときを狙ったほうがいい。

ただし、なぜその人が不機嫌になっているのか、いちいち詮索しないこと。

誰だって、気分に浮き沈みがある。もちろん、「なぜ、そんなに仏頂面をしているんだ」と相手を責めたりしてもいけない。あなただって不機嫌になっていた瞬間があるはずで、お互いさまなのだ。

また、「不機嫌なのはあなたのせい」と相手に責められたとしても、真に受けないこと。その人が不機嫌なあまり、あなたの態度に必要以上に厳しい目を向けているだけかもしれない。

だから、あなたが思い悩む必要はないのである。

37

SLOWING DOWN TO THE SPEED OF LIFE

「間に合わない！」を解決する法

――〝締め切り〟とは「頑張りがいのある目標」

本章の最後になってようやく、「締め切り」について触れたいと思う。

「締め切りがある」という事実は、仕事における一番のストレスになっている人も多いはずだ。

でも、どうして締め切りに間に合わせるのが、これほど大変なのだろう？

なぜ、締め切りギリギリになるまで、なかなか報告書に手をつけなかったり、書類を提出したりしないのだろう？

そもそも、締め切りには2種類ある。

外から押しつけられる締め切りと、自分で決めた締め切りだ。たいていは、両方の締め切りについてグチをこぼすが、どちらが苦手かは人によって違う。

ただ言えるのは、**締め切りを「やっかいでつらいもの」と考えるか、「頑張りがいのある目標」と思うかは、その人次第**ということだ。


ある人が、大企業の経理課で働く社員の数人と面談をした。

彼は一人ひとりに、「締め切りに、大きなストレスを感じているか」「課として締め切りにどう対処しているか」と尋ねた。

すると、せかせかした心で過ごしている人は、締め切りにかなりのストレスを感じているだけでなく、それは思いやりのない上司のせいだとでも言いたげだった。

一方、心にゆとりがある人は、いつもより大変だとは思っていても、ストレスとは感じていなかったのだ。


人生はいつも、「一瞬に1つのこと」しか起こらない。一瞬の積み重ねなのだ。

しかし、私たちは一度に無数のことを考えてしまい、その結果、集中力が失われ、気が散りやすくなり、仕事が片付けられなくなるのだ。ぐずぐずと先延ばしにしてしまうのは、このためだ。**1つのことをしながら、別のことを考えていると、何一つ仕事は進まなくなってしまう。**

たくさんの仕事を短期間で片付けなければいけないときにも、気持ちをポジティブに保てば、最高の集中力を発揮して、効率よく仕事ができるようになる。

いわゆる**「ノッている」**と言われる状態だ。

ノッているときには、**短い時間でたくさんの仕事を片付けることができるし、いつもよりずっといい仕事ができる**のである。

6章

SLOWING DOWN TO THE SPEED OF LIFE

心がたちまち リフレッシュするコツ

“ハッピーの種”からぐんぐん芽が出る!

38

SLOWING DOWN TO THE SPEED OF LIFE

「明日のこと」を考えるのもほどほどに

――〝予定がぎっしり〟でないとダメ？

ある日、ジョギング中にテニスコートのそばを通りかかると、２人の男性がゲームを終えるところだった。

一人が、もう一方にこう言った。

「もうテニスをやめようかと思ってるんだ。ぜんぜん、うまくならないし」

すると相手は驚いたように、

「君は、テニスが好きなのかと思ってたよ」

と言った。最初の男性は、こう答えた。

「好きだよ。でも、それが何だい？　テニスが好きでも、うまくならないんじゃ、何にもならないよ」

残念なことに、これが、レジャーを楽しめない人たちの考え方なのだ。成果が上がらなければ、それをする価値はまったくないと考えている。

現代人は、どの時代の、どの文明よりも、はるかに多くの自由な時間を手にしている。**その自由な時間をリラックスして楽しめばいいのに、なぜか努力とか勤勉とかいった価値観を持ち込んでストレスの種を増やしている**のだ！

友人と、海外旅行に出かけることになったとしよう。

彼女は旅行の間、毎日毎日に、ぎっしりと予定を詰め込んでいた。

歴史的な建造物を訪ねた後は、博物館を見学し、列車に乗って田舎をめぐり、レストランで食事をしたら観光地をひと通り回り、ホテルにもどったらプールで泳ぎ……といった具合に。

そして夜、ようやくホテルでくつろいでいると、さっそくこの友人はあれこれ明日の計画を練り始める。

電話をかけたり、雑誌をめくったりと、次々にスケジュールを組んでいくのだ。

そして、口を開けば「次は何をしたい？」と聞いてくる。そして、こちらが「別にどこでも」とか、「ぶらぶら街を歩いてもいいいんじゃない」と答えると、なんともがっかりした顔をするのだ。

それはまるで、あなたが時間を最大限に活用しようとしないことに失望しているような、何か目的を持って動くことこそ重要だとでもいうような感じだ。やることは多ければ多いほどいい、と思っているのだ。

結局、せっかくの休暇だったというのに、帰る頃にはヘトヘトに疲れてしまった。旅を振り返ってみれば、どこへ行っても心は次にやることでいっぱいになっていて、覚えているのは「明日は楽しくなるわね」とか「デザートはどこで食べたい？」といった会話ばかりだ。

詰め込みすぎのスケジュールに、私たちはひどくストレスを感じる。

それは何も、あちこち動き回るからという体力的なことだけが原因ではない。
今この瞬間に集中するのではなく、「次は何をするか」「明日はどこへ行くか」と、常に先のこと、未来のことにばかり意識を向けている、せわしなさのせいでもある。

心がいつも未来に飛んでいると、いろいろな経験をしたところで、感動は中途半端になる。

覚えておいてほしい。
意識が「今」から離れるほど、あなたのストレスは大きくなり、喜びを感じにくくなってしまうのだ。

39

SLOWING DOWN TO THE SPEED OF LIFE

セックス、手紙を読む、スポーツ、読書——共通点は？

——キーワードは「夢中」

たいていの人が「楽しい」と感じることを、いくつか挙げてみよう。どんな共通点があるだろうか。

★　セックス
★　心のこもった手紙を読む
★　ロッククライミング、いかだで川下りなどのアウトドアスポーツ
★　感動的な映画を観たり、ハラハラドキドキする本や泣ける本を読む

ぱっと見たところ、どれもまったく性質が違っている。セックスと読書に共通点は

全然ないように思える。けれど別の視点から見れば、この二つはとてもよく似ているのだ。

一度、その類似点に気がつくと、右に挙げたどれでもそのよさがわかり、もっと純粋に楽しめるようになる。

セックスしているとき、心がほかのどこかに行くことはめったにない。それどころか、今この瞬間にこのうえなく集中し、今に没頭するはずだ。

読書をしているとき、誰かに声をかけられたのに、それが聞こえなかった経験はないだろうか。ページに書かれた言葉に惹きつけられたあなたは、普段なら気を散らされるはずの光景や音に気づかなくなる。

そうしてものすごく集中して読んでいるときは、本の中に自分がいるように感じ、その物語が世界のすべてのように思える。

心のこもった手紙や映画に夢中になるのも、それと同じ経験を与えてくれる。

愛する人からの心のこもった手紙を読んでいるときに、2秒ごとに読むのをやめて、大嫌いな誰かのことを考えたりはしない。

心が「今」に集中すれば、気持ちはポジティブになり、喜びと満足感をよりいっそう深く感じられるようになるのだ。そこに、ストレスや憂うつになることが入り込む余地などない。

40

SLOWING DOWN TO THE SPEED OF LIFE

ロッククライミングするときの「集中力」があれば!

――一瞬の中にあるたくさんの喜びを発見!

友人のロッククライマーに誘われて、ヨセミテ峡谷を登ったことがある。安全だと思っていたのだが、遠目から見て美しい山並みは、近づいてみれば切り立った危険なガケであった。

足がすくみ、神経がひどく張り詰め、足の運び1つ、触れた岩の1つが、生き生きと感じられた。

登り終えた後、友人に、なぜロッククライミングが好きなのかと尋ねた。

「登っているときには、今という瞬間に集中できるからさ。こうしているときが本当に楽しいいし、この集中力を人生のほかの部分でも活かせるしね」

確かに、ロッククライミングをしている間、私の頭には仕事のことも、家族のことも、夕食に何を食べようかとか、昨日まで頭を悩ませていた心配事にも、一度も意識が逸れることはなかった。

すべての意識を、足の動きだけに集中していたからだ。

この話をすると、こんなふうに言う人もいる。

「命が危険にさらされていたら、誰だってそのくらい集中できるのでは？　でも、普段の生活の中で集中するにはどうしたらいいのでしょう？」

しかし、それはちょっと違うのだ。

山登りをしたり、セーリングしたり、スキーで直滑降したり、サーフィンしたりしているときだけでなく、いつも通り過ごしているときでも、バカンスを楽しんでいるときでも、同じように「今」に集中することはできる。

確かに山登りをしているときは、それ以外のことを考える余裕はない。だが、散歩

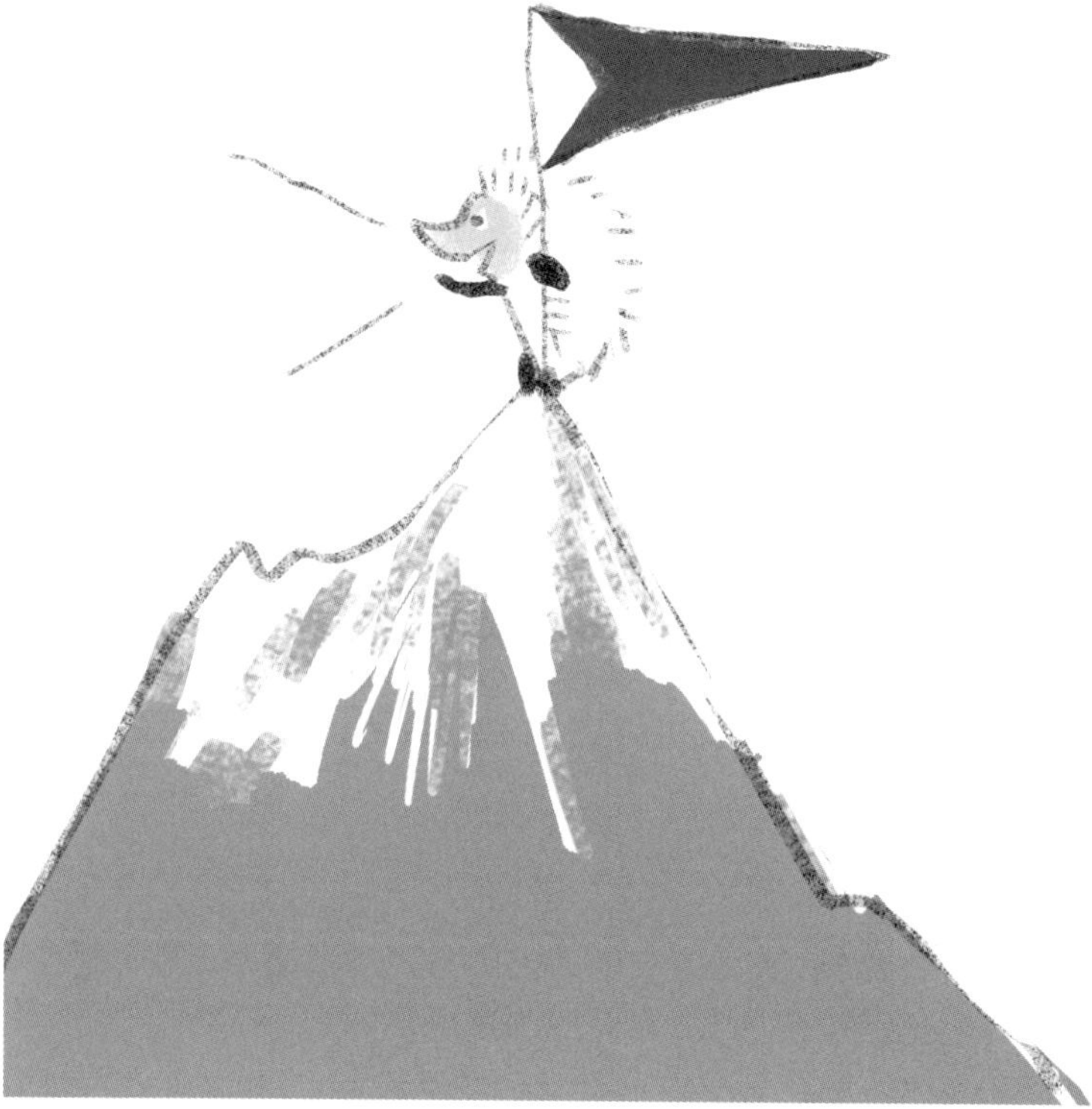

をしているときなら、命を危険にさらすことなく、3つも4つも同時に考えることができるだろう。

しかしこのとき、あなたは**「経験の質」**を危険にさらしているのだ。

散歩したり、ジョギングしたり、絵を描いたりするとき、何回くらい別のことを考えてしまったか、チェックしてみるといい。

いつも目の前のことに一生懸命になれたら、**何でもない当たり前の一瞬の中に、たくさんの喜びがあることに気づく**はずだ。

41

SLOWING DOWN TO THE SPEED OF LIFE

「退屈」だと感じるのは心がせわしない証拠!?

――忙しく考えすぎるほど〝退屈〟する

ゆったり生きようとすると、「本当にそれでいいのかな?」と戸惑ってしまうことがある。

一番の理由は、**「退屈するのが怖い」**から。

「退屈」は、生活する中で最もやっかいなものの1つ。

動き回って、いろいろなことをしていれば、退屈したりしないと思い込んでいる。

けれど実は、退屈の原因は、ちょっと意外なところにある。

実は、やることがないから退屈するのではなく、**やるべきことが多すぎるときや、せわしない心が原因で退屈する**のだ。

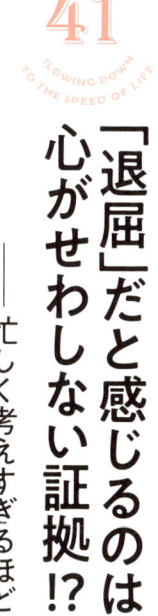

愛する人とソファに並んで座っているとき、あなたは何時間でも満ち足りた気持ちで過ごすことができるはず。

一瞬一瞬が特別で、別に大したことをしているわけではないけれど、心はスッキリと晴れわたり、楽しくて幸せな気分で、退屈に感じる時間は一秒もない。

では、交通渋滞につかまったとしたらどうだろう？

ほんの数分のことだったとしても、きっとガマンできないくらい退屈するはずである。ソファで恋人と語らっているときより、はるかにいろいろなことがまわりで起こっているにもかかわらず、ものの数分で「退屈」が襲ってくる。

なぜなら、あなたの心が、これからの予定とか、「どうやったら、この渋滞を抜け出せるだろう？」とかいったことを考え始めてしまうからだ。

「もっと早く出発すればよかった」と過去を後悔したりする。

そうしてあなたは、**今この瞬間からどんどん遠ざかっていく。**

心が心配事や悩みでいっぱいになるにつれて、どんなことをしても楽しめなくなっていく。この世で一番美しい場所にいて、幸せなことがいっぱい起こっても、心がせかせかしていると、退屈に思えてしまうのだ。

もし「退屈だ」と感じたときには、頭の中がどれだけぐちゃぐちゃになっているか、確かめてみるといい。**きっとあなたは、あれこれ忙しく考えすぎている。**

退屈なのは、やることがないからではなく、考えすぎているのが原因。「何か楽しいことはないか?」「きっと、ほかにもっと楽しいことがある」と考えているうちは、いつまでも幸せいっぱいな気分になれないのだ。

42

SLOWING DOWN TO THE SPEED OF LIFE

考えない。すると心がリセットされる

――「平凡な毎日」の中の奇跡に気づく

体に睡眠が必要なように、心にも睡眠が必要だ。それには、ときどき**心をからっぽにして、あれこれ考えない時間をつくってあげる**ことだ。

おだやかな気持ちになったとき、心はちょっとお休みしている。

でも、完全にスイッチが切れているわけではなくて、情報を取り入れていたり、「心のコンロ」に鍋をかけて解決策を考えていたりする。

ただ、心はそれをのんびりとやっているのだ。

ふと考えが浮かんでくることもあるけれど、通りすぎていくのをただ見守っている。

そして、いざとなれば、私たちはいつでもどこでも、休息中の心をすぐに呼び起こすことができる。

心をリラックスさせ、元気を取り戻したいのなら、何も考えないようにすればいい。とくに余暇は、そのための絶好のチャンスだ。

たくさんの時間を何も考えないで過ごすことができれば、**あなたはもっと満ち足りた気持ちになれる。**平凡でありふれたことが、本当はとてもすばらしいことのように思えてくる。

何もすることがないなと思ったときは、あえて退屈してみることだ。

退屈したくない、何でもいいから何かしなくては、と焦るのをやめてみると、とたんに心がすっきりと晴れて、まったく退屈ではなくなるだろう。

今まで気にもとめていなかった花の美しさや、ふと視界に入ってきた虫の姿に見入ってしまうかもしれない。

今この瞬間が、今までよりずっと色鮮やかにあなたに迫ってくる。

それはずっとそこにあったのだけれど、ほかのことを考えるのに忙しかったあなたの心には、響かなかっただけなのである。

43

SLOWING DOWN TO THE SPEED OF LIFE

リラックスがあなたの毎日を変える！

――人生のどんな場面も、もっともっと心から楽しめるようになる

心の底からリラックスするのに、必ずしも長い時間が必要なわけではない。何とかやりくりできる時間だけでも、

「今、この時間はゆったりしよう」

と思えば、十分にリラックスすることができる。

そして最後に1つだけ。

私からあなたにメッセージを伝えておこう。

余暇を過ごしているときに、心を静め、今この瞬間に意識を向けられるようになると、これからの人生のどんな場面でも、ゆったりとした心で過ごせるようになる。

仕事をとるか、余暇をとるかで迷う場面も、ときにはあるかもしれない。
けれど、この2つを分けて考えることはない。余暇はたとえほんの少しの時間でも、とても効果がある。ゆっくり生きれば、あなたにもそれがわかってくるはずだ。
そして、体と心をのんびり休ませているときと同じリラックスした心で、人生のさまざまな時を過ごせるようになる。

あなたにたくさんの喜びをもたらしてくれるのは、あなたの「行動」ではなく、「リラックスした心のあり方」なのだ。

リラックスして毎日を過ごせば生きることが楽になり、自然に「プラスのパワー」がわいてきて、あなたのまわりはもっともっと幸せエネルギーで満たされる！

（了）

本書は、小社より刊行した『読むだけで「リラックス生活」ができる本』を再編集のうえ改題したものです。

読《よ》むだけで自分《じぶん》のまわりに「いいこと」ばかり起《お》こる法則《ほうそく》

著　者——リチャード・カールソン、ジョセフ・ベイリー
訳　者——浅見帆帆子（あさみ・ほほこ）
発行者——押鐘太陽
発行所——株式会社三笠書房
〒102-0072 東京都千代田区飯田橋3-3-1
電話：(03)5226-5734（営業部）
：(03)5226-5731（編集部）
http://www.mikasashobo.co.jp
印　刷——誠宏印刷
製　本——若林製本工場

編集責任者　本田裕子
ISBN978-4-8379-5789-8 C0030